Originalausgabe - 1. Auflage (Softcover)
ISBN: 978-3-946865-08-7

Veröffentlicht im Highline Verlag, November 2022
Inhaberin: Dr. Judith Hoffrichter
Eichholzer Straße 19, 51580 Reichshof-Heischeid

Autor: Alexander Christiani
Projektmanagement: Constantin Christiani
Redaktionelle Mitarbeit: Dr. Judith Hoffrichter
Lektorat, Korrektorat: Tobias Schwaibold, Patrick Kiefer
Layout und Satz: Kerstin Möller, Elke Greß, Tracy Elephant
Fotografien: Nadia Christiani

Printed in Europe

Bibliografische Information der Deutschen Nationalbibliothek
Die Deutsche Nationalbibliothek verzeichnet diese Publikation in der Deutschen Nationalbibliografie; detaillierte bibliografische Daten sind im Internet über http://dnb.d-nb.de abrufbar.

Weitere Infos unter:
www.christiani-storymarketing.com
www.story-magic.de
www.highline-verlag.de

»Du bist nur eine Story von Deinem Durchbruch entfernt.«

Alexander Christiani

CHRISTIANI STORYMARKETING

Ich widme dieses Buch meiner Familie. Sie hat mich zu dem werden lassen, der ich heute bin. Mein besonderer Dank geht an meine Söhne Raphael und Constantin, die mir als Geschäftsführer unseres Unternehmens den Rücken freihalten und mir so den Freiraum geben, mich dem zu widmen, was ich am besten kann.

STORY MAGIC

GEHÖRT | VERSTANDEN | GEKAUFT

Wie Du die **volle Aufmerksamkeit** Deiner Kunden gewinnst
und Deinem Unternehmen **Umsatzrekorde** bescherst.

INHALT

Boris Thomas, Lattenroste und Betten,
Thomas GmbH + Co. Sitz und Liegemöbel KG
»Alexander Christiani ist und bleibt der Meister des Storytellings. Immer wieder hat er mich über all die Jahre mit seinem Wissen inspiriert – und mein Marketing immer wieder auf eine neue Ebene gehoben. Wer als Mittelständler erfolgreich werben will, kommt an Alexander Christiani nicht vorbei.«

Martin Limbeck,
Vertriebs-Experte, Limbeck Group
»Alex ist einer der belesensten, intelligentesten und schnellsten Menschen, die ich je kennengelernt habe. Wenn jemand Story-Marketing auf den Punkt bringen kann, dann er!«

Pascal Feyh,
Online Marketing Coaching, MehrGeschäft GmbH
»Als Unternehmer brauchen wir Marketing-Kommunikation, die wirkt. Im Klartext: die Menschen aus der Zielgruppe in Kunden verwandelt. Wer diese Kommunikation bei Alexander Christiani lernt, gewinnt mehr Kunden und macht deutlich mehr Umsatz, versprochen!«

Markus Hofmann,
Gedächtnistrainer
»Wenn man im Lexikon unter Storytelling nachschlägt, findet man ein Bild von Alexander Christiani. Er ist für mich das Synonym für emotionales, erfolgreiches und absolut effektives Verkaufen.«

Mark Victor Hansen,
Erfolgsautor und Trainer
»You got to hear this brilliant speaker, thinker, visionary leader that has decided to help make the world work for 100% of humanity … Do not miss Alex' next seminar.«

Gerhard Waldschütz,
IT-Beratung, ERP-Solutions GmbH
»25 Jahre lang hatte sich nie ein Kunde von alleine bei mir gemeldet. Seit ich im Story-Mentoring bin, passiert das regelmäßig.«

Christian Vosseler & Marc Peine
Gründer von Kinderlachen e.V.
»Wir sind sehr dankbar und finden es phänomenal, mit welcher Leidenschaft seit fast vier Jahren das Thema Spendenbereitschaft in den Seminaren fast jedes einzelnen Teilnehmers einen sehr hohen Stellenwert bei Euch hat. Wir freuen uns sehr darüber, wie emotional unser Kinderlachen-Botschafter Alexander Christiani mit seiner bildlichen Sprache für die Rechte von Kindern kämpft und es damit schafft, die Schwierigkeiten der jüngsten Mitglieder unserer Gesellschaft aus der Tabuzone herauszuholen. Durch einige hunderttausend Euro, die durch Euer Tun zusammengekommen sind, konnten wir schon sehr viele Betten und Ferienfreizeiten finanzieren und damit vielen Kindern zu mehr Selbstbewusstsein und Geborgenheit verhelfen. Dafür vielen Dank!«

Vorwort von Dieter Homburg,
Inhaber der Fachzentrum Finanzen AG, Focus Online-Experte
und Autor des Bestsellers ›Altersvorsorge für Dummies‹

VORWORT

Story-Marketing mit Herz und Verstand

Die Versicherungsbranche ist ein echtes Haifischbecken. Überall buhlen unzählige Makler um Kunden und es ist enorm schwer, sich als Versicherungsberater individuell zu positionieren. Im Rahmen meiner langwierigen Suche nach einer Möglichkeit, bei meiner Beratungstätigkeit das Wohl meiner Kunden in den Vordergrund zu stellen und dennoch erfolgreich zu wirtschaften, stieß ich irgendwann auf Alexander Christiani und sein Story-Marketing. In den entscheidenden Jahren meines Berufslebens ließ ich mich dann von Alexander Christiani coachen, und ich kann aus tiefster Überzeugung sagen: Ohne das Blockbuster Story-Skript und die unermüdliche Unterstützung durch Alex und sein Team wäre ich mit ziemlicher Sicherheit noch immer ein unscheinbarer Versicherungsvertreter mit einer Kundenkartei, die auf einen Bierdeckel passt. Als Inspiration für alle Leserinnen und Leser möchte ich das unglaubliche Potenzial, das in der Herangehensweise von Alex steckt, anhand meiner eigenen Erfolgsstory verdeutlichen ...

Ich war schon immer an Zahlen und Finanzen interessiert. Als Abiturient habe ich dann zusammen mit einem guten Freund das ›Planspiel Börse‹ der Sparkasse gewonnen. Rückblickend gesehen war das natürlich reines Glück, schließlich war ich in Bezug auf Aktien und andere Anlageprodukte noch völlig grün hinter den Ohren.

Doch der Erfolg verstärkte mein Interesse an Finanzdingen nochmals, so dass ich beschloss, gemeinsam mit drei Freunden einen Aktienverein zu gründen. Einmal im Monat trafen wir uns, um uns rund um das Thema Aktien weiterzubilden. Irgendwann bekam die lokale Presse Wind davon und berichtete über unsere Vereinsaktivitäten. Und siehe da, beim nächsten Treffen saßen nicht mehr vier, sondern fast 50 Leute im Raum! Bald trafen wir uns alle 14 Tage, und wie es sich für einen Aktienvereinsvorstand gehört, bereitete ich regelmäßig Vorträge zu relevanten Themen vor.

Neben meinem Interesse an Finanzthemen habe ich schon seit Kindesbeinen einen ausgeprägten Gerechtigkeitssinn. Meine Schwester erzählt noch heute gerne die Anekdote, wie ich als Kind an meinen Geburtstagen alle geschenkten Süßigkeiten gerecht zwischen mir und meinen Freunden aufteilte – schließlich konnten sie ja nichts dafür, dass ich an eben diesem Tag Geburtstag hatte und sie nicht. Mein loyaler Charakter führte dazu, dass viele der neuen Aktienvereinsmitglieder bald Vertrauen zu mir aufgebaut hatten und mich bei kritischen Finanzfragen um Rat baten. Einige ältere Mitglieder brachten verstaubte Ordner mit ihren Versicherungsunterlagen mit, um mich um eine Einschätzung in Bezug auf ihre Altersvorsorge zu bitten. So begann meine Karriere als Versicherungsberater.

Mein Ruf als kompetenter Gesprächspartner in Finanzdingen verbreitete sich schnell. In dieser Zeit lagen in meinem Zimmer immer mindestens 30 Ordner von anderen Leuten herum, deren Inhalte ich sorgsam sichtete und auf ihre Plausibilität hin prüfte. Irgendwann baten mich auch meine Eltern, ihren Versicherungsordner kritisch durchzusehen. Ich muss dazu sagen, dass meine Eltern zeit ihres Lebens selbstständig waren und geackert haben wie die Wilden. Und in was hatten sie ihr ganzes Vermögen investiert? Genau, in Lebensversicherungen! Nachdem ich ihnen vorgerechnet hatte, was sie tatsächlich rausbekommen würden – nicht mal ansatzweise das, was der Versicherungs-Fuzzi ihnen damals hochgerechnet hatte! –, wurde den beiden schlagartig klar, dass sie nicht wie geplant mit Mitte sechzig in Ruhestand gehen können würden! Meine Eltern waren bitterlich enttäuscht, und zum ersten Mal sah ich Tränen in den Augen meines Vaters. Auch mich erschütterte dieses Erlebnis so sehr, dass ich kurzerhand entschied, mein Finanzberatungs-Hobby zum Beruf zu machen und auf diese Weise dazu beizutragen, dass andere Menschen nicht dasselbe böse Schicksal erleiden müssen wie meine Eltern.

Ein kleiner Zeitsprung ins Jahr 2015. Mittlerweile hatte ich mir in meiner Heimatstadt Lippstadt ein eigenes Maklerbüro aufgebaut und musste jeden Monat dafür sorgen, dass genügend neue Kunden den Weg zu uns finden. Natürlich legte ich mich mächtig ins Zeug, um stets die bestmöglichen Lösungen für meine Kunden zu finden. Doch ich steckte in einem schwerwiegenden Dilemma. Denn als herkömmlicher Versicherungsmakler muss man das volle Spektrum an Versicherungen abdecken: Haftpflicht-, Hausrat- und Gebäudeversicherungen, Kranken- und Rechtsschutzversicherungen, Lebensversicherungen und betriebliche Altersvorsorge, und so weiter und so fort. Klar, dass man angesichts dieser Themenfülle nur ein sehr oberflächliches Wissen an seine Kunden weitergeben kann.

Das ist von der Versicherungswirtschaft durchaus so gewollt, denn wenn die Vertreter wirklich im Detail verstehen würden, wie überteuert und teils völlig überflüssig viele Versicherungen sind, könnten sie ihre Produkte niemals mit gutem Gewissen an ihre Kunden verkaufen! Ich hingegen hatte zwar ein aufrichtiges Interesse daran, meine Kunden frei von den Interessen irgendwelcher Banken und Versicherungen zu beraten, doch angesichts der Notwendigkeit, mein monatliches Agenturbudget durch möglichst viele Versicherungsabschlüsse querzufinanzieren, blieb mir schlichtweg keine Zeit, um mich intensiv in die einzelnen Themengebiete einzuarbeiten. Ich war im Hamsterrad gefangen. Schlimmer noch: Trotz meiner ehrenwerten Vorsätze bestätigte ich in meiner Not das eh schon miserable Image meines Berufsstands, statt meinen Kunden eine nachhaltige Alternative anzubieten.

Ich war sehr verunsichert in dieser Zeit. Besonders hart traf es mich, als ich zufällig ein Gespräch meines Vaters mit einem Nachbarn mitbekam. Auf die Nachfrage, was der Sohn denn nun beruflich mache, antwortete mein Vater recht teilnahmslos und kühl: »Irgendwas mit Versicherungen.« Darauf der Nachbar: »Aber echt, das ist doch unseriös. Diese Versicherungsfirmen zocken doch nur die kleinen Leute ab! Will der Junge denn nicht was Vernünftiges machen?« Mein Vater wusste darauf keine Antwort, und ich stand mit hochrotem Kopf in der Küche und wäre vor Scham am liebsten im Boden versunken. Aber was soll ich sagen? Wenn man über Versicherungsmakler nachdenkt, schwingt da immer so ein bisschen Nepper, Schlepper, Bauernfänger mit. Da ist meist nichts von ›Gehört. Verstanden. Gekauft.‹, sondern eher ›Angelogen. Gekauft. Enttäuscht.‹. Viele Versicherungsvertreter sieht man nie wieder, nachdem man irgendeine irrsinnige Versicherung abgeschlossen hat. Und nun war ich nicht nur in dieser dubiosen Branche gelandet, sondern war zudem einfach nur einer von zig Versicherungsvertretern in Lippstadt und Umgebung! Null Sichtbarkeit! Null Abgrenzung zu meinen Mitbewerbern! Null Befriedigung! Und null das Gefühl, meinem ursprünglichen Anspruch gerecht werden zu können! Egal, wo ich hinkam: Für die Leute da draußen war ich einfach nur ein weiterer oller Versicherungs-Heini.

Doch dann kam ich durch Zufall zu einer Wochenend-Veranstaltung von Alexander Christiani. Schon während des Seminars fiel es mir wie

Schuppen von den Augen: Storytelling ist ein genialer Weg, um mich inhaltlich von meinen Mitbewerbern abzugrenzen und endlich diejenigen Kunden zu erreichen, die sich für ehrliche und tiefgründige Beratungen sowie eine langfristige Zusammenarbeit interessieren! Während des Wochenendseminars kamen mir viele Einsichten und Ideen, die ich lose auf zehn geschriebenen Seiten festhielt.

Mir war völlig klar, dass ich das alles am besten schon bis gestern umsetzen müsste. Doch als ich am Montagmorgen nach dem Seminar hochmotiviert ins Büro kam und mich an die Umsetzung machen wollte, stellte ich erschreckt fest, dass der Teufel im Detail steckt und sich meine Story-Ideen nicht mal eben in der Kaffeepause realisieren lassen. Dann klingelte das Telefon – eine dringende Kundenanfrage. Dann kamen zwei Mitarbeiter rein, die dringend meine Hilfe benötigten. Dann dies und dann das – das Hamsterrad hatte mich wieder und der Storytelling-Papierstapel wanderte langsam, aber sicher in die Ecke meines Schreibtisches. Irgendwann war er unter einem riesigen Stapel Versicherungsunterlagen verschwunden. Das Traurigste daran war, dass sich das noch nicht mal schlecht anfühlte! Denn mit solchen Einsichten geht ja immer auch das unangenehme Gefühl einher, dass aktuell etwas in die falsche Richtung läuft – und wer hört das schon gerne? Also lieber weg mit den Ideen, frei nach dem Motto ›Aus den Augen, aus dem Sinn‹.

Nach drei Monaten stieß ich beim Aufräumen wieder auf meine Notizen. Beim erneuten Durchlesen meiner Einsichten und Ideen war ich wieder total fasziniert. Mittlerweile war mir aber klargeworden, dass ich einfach nicht der Typ bin, der so eine Nummer in Eigenregie von A bis Z durchzieht. Schon als Schüler – und dann auch als Student – hatte ich das Lernen meist bis kurz vor den Klausuren rausgeschoben. Offenbar brauchte ich immer etwas Druck, um so richtig auf Touren zu kommen. Darum entschied ich spontan, mich für das Mentoring-Programm von Alexander Christiani anzumelden. Von anderen

Seminarteilnehmern hatte ich gehört, dass Alex enorm gut darin sei, seine Coachees zu motivieren und den Teilnehmern gegebenenfalls auch mal in den metaphorischen Hintern zu treten.

Für mich war das Mentoring-Programm damals die perfekte Lösung, um einen praktischen Einstieg ins Storytelling zu finden. Doch das Tolle an Alex' Arbeitsweise ist, dass sie auch ohne Coaching oder kostenintensive Zusatzprogramme funktionieren kann! Die ganzen Abläufe sind so aufgebaut, dass es sich ein wenig wie Malen nach Zahlen anfühlt. Auch als Marketing-Laie kann man vieles mithilfe von Alex' Schritt-für-Schritt-Anleitungen direkt umsetzen. Wenn Menschen es dann schaffen, das Blockbuster StorySkript ganz alleine umzusetzen – prima und herzlichen Glückwunsch! Wenn sie ein wenig Unterstützung brauchen – auch prima, dann gibt es zum Beispiel telefonische Beratungsgespräche oder Wochenendseminare. Und wenn jemand wie ich merkt, dass er oder sie gerne viel umfassender in Storytelling und dessen Potenziale eintauchen möchte – ebenfalls prima, dann bietet Alex maßgeschneiderte Mentoring-Programme bis hin zu intensiver Detailarbeit in Einzelstunden an. Auf dieser Weise ist für jeden Charaktertyp und jeden Geldbeutel das Passende dabei, und niemand fühlt sich gedrängt, mehr von Alex' Angeboten in Anspruch zu müssen als nötig. Warum das klappt? Weil Storytelling davon lebt, dass man selbst in die Gänge kommt und sein Marketing in die Hand nimmt; nur dann ist es echt und authentisch. Manche Menschen brauchen dabei vielleicht etwas mehr Begleitung als andere, doch die wesentliche Arbeit kann kein Coach übernehmen. Für die Botschaft ist der Unternehmer selbst zuständig.

Wenn Storytelling erst einmal so richtig an Fahrt gewinnt, setzt in den meisten Fällen ein beeindruckender Dominoeffekt ein. So war das auch bei mir. Im Rahmen des ersten Mentoring-Wochenendes entwickelte ich ein erstes Video für meine Homepage. Um ehrlich zu sein, fand ich das Video ziemlich mies. Doch wir haben es trotzdem mal hochgeladen, weil mich Alex' Grundidee überzeugte: Die moderne Welt ist derart anonym, wäre es da nicht ein wunderbarer Ausdruck persönlicher Nahbarkeit, wenn eine Versicherungsagentur mit einer Kundenbotschaft direkt vom Chef werben würde? Auf anderen Webseiten findet sich vielleicht mal ein Foto vom ganzen Büro-Team, wenn's hoch kommt. Aber dass der Chef nach vorne tritt, so richtig die Hosen runterlässt und nachfühlbar erklärt, warum er so für sein Thema brennt? Das gibt es eigentlich nie! Dabei erreicht genau solch ein Vorgehen potenzielle Kunden ganz unmittelbar und in der Tiefe ihres Herzens.

Wie sollte es anders sein: Alex behielt recht mit seiner Prognose. Ich erhielt erstaunlich gutes Feedback, zuerst von Freunden und meinen Mitarbeitern, dann zunehmend auch von Besuchern unserer Webseite. Und nicht nur das, auch die Zahl der Anmeldungen für Beratungstermine stieg deutlich an!

Eine weitere Frage, die Alex in seinen Coachings beharrlich stellt: »Was ist Dein Mehrwert? Wo gehst Du die Extrameile für Deine Kunden?«. Ich zum Beispiel arbeite mit drei Fachanwälten für Versicherungsrecht zusammen, und wenn es bei einem Antrag meiner Kunden auf Arbeitsunfähigkeit zu Problemen kommt (und dazu kommt es eigentlich fast immer!), setze ich diese Anwälte auf meine eigenen Kosten ein, damit meine Kunden zu ihrem Geld kommen. Warum? Weil ich mir das umgekehrt ganz genauso wünschen würde! Komischerweise hatte ich diesen offensichtlichen Mehrwert bis dahin nie auf meiner Internetseite erwähnt, weil ich davon ausgegangen war, dass das für die Leute ja erst im Leistungsfall relevant würde. Alex erklärte mich für völlig bescheuert. Und er hatte wieder recht: Nachdem wir erst einmal dieses »Extra« auf unserer Webseite zum Thema gemacht hatten, verzeichneten wir einen weiteren Kundenzuwachs! Nicht, weil wir die Kunden mit irgendeiner Gratis-Aktion geködert oder ihnen das Blaue vom Himmel herunter versprochen hätten, nichts von alledem! Stattdessen haben wir ihnen einfach die Wahrheit gesagt: dass meine Mitarbeiter und ich im Ernstfall für sie da sind. Das hat viele Menschen offenbar berührt und beruhigt. Und dieses positive Grundgefühl – und eben nicht 5 Prozent weniger Beitrag oder sonstiger Detailkram – hat sie letztlich zu mir geführt.

Auch mein Buch »Altersvorsorge für Dummies« und den damit einhergehenden Erfolg verdanke ich letztlich Alexander Christianis Storytelling-Konzept. Am letzten Tag des Seminars fragte Alex mich: »Dieter, wohin willst Du eigentlich mit Deinem Business?« Ich antwortete: »Richtig geil wäre es, wenn ich in meiner Branche, in diesem riesigen Haifischbecken voller gieriger Versicherungsvertreter, einen Expertenstatus aufbauen könnte. Dann kämen die Leute zu mir, weil sie wissen, dass sie da eine ganz besondere Expertise und nicht nur das ewig gleiche Versicherungs-Blabla bekommen!«. Beim anschließenden gemeinsamen Brainstorming kam mir die Idee, jetzt wo ich gerade in den finalen Zügen meines Masterstudiums steckte, noch einen Doktor draufzusatteln. Wie viele promovierte Versicherungsmakler gibt es schließlich? Doch Alex antwortete in seiner gewohnt trockenen Art: »Hast Du schon mal den Satz ›Fachidiot schlägt Kunden tot‹ gehört? Ich befürchte, dass Du auch mit einem Doktortitel nur einer von vielen Versicherungsleuten sein wirst. Zudem besteht dann die Gefahr, dass Du als kruder, lebensferner Theoretiker abgestempelt wirst. Glaubst Du echt, dass Dir das einen Expertenstatus einbringt?«. Guter Punkt, fand ich. Aber was dann? Alex meinte schlicht: »Schreib doch ein Buch! Schließlich kommt das Wort ›Autor‹ von Autorität.«

Tja, das klang irgendwie gut. Aber worüber sollte ich um alles in der Welt denn schreiben? Und für wen? Und bei welchem Verlag? Hier zeigte sich dann eine weitere prägende Facette von Alexander Christianis Arbeitsweise: Alex inspiriert seine Teilnehmer und begleitet sie sorgsam bei ihrer persönlichen Entwicklung, doch er verlangt ihnen auch eine Menge Eigeninitiative ab! Kein Wunder also, dass er auf meine Frage nach einem passenden Verlagskontakt lapidar erwiderte: »Nee nee, Junge, darum kannst Du Dich schön selber kümmern!« Ich nahm mir diese Aufforderung zu Herzen, und siehe da: Nach einigen Ablehnungen bei Verlagen, einer steilen Lernkurve in Sachen Buchveröffentlichung und einem Jahr intensiver Schreibarbeit kam im Jahr 2017 mein Buch »Altersvorsorge für Dummies« auf den Markt, eine praxisnahe Anleitung für Menschen, die ihre Altersvorsorge selbst in die Hand nehmen wollen.

Dieses Buch war für mein Unternehmen der absolute Game Changer, weil es mir plötzlich völlig neue Zugangswege zu Kunden eröffnete. Früher musste ich allen Interessenten erst genau erklären, was ich mache. (Häufig musste ich sie sogar überzeugen, dass meine Dienstleistungen überhaupt sinnvoll sind; Stichwort ›Versicherungs-Heini‹.) Heute sage ich einfach: »Kennst Du die Buchreihe ›… für Dummies‹ mit mehr als 200 Millionen verkauften Exemplaren? Da habe ich das Buch ›Altersvorsorge für Dummies‹ geschrieben. Und ich habe eine Beratungsagentur, die den Menschen erklärt, wie man die alten verstaubten Versicherungsordner aus dem Schrank holt und damit endlich mal richtig aufräumt. Und wie man dabei rausfindet, was man überflüssigerweise und zu teuer bezahlt. Am Ende bleibt nur noch das im Ordner, was für meine Kunden wirklich sinnvoll ist. Das spart ihnen erfahrungsgemäß im Jahr 2000 bis 5000 Euro ein. Zusätzlich sichern sich die Leser bei gleicher Monatsinvestition oft 100.000 Euro mehr Rentenguthaben durch rentableres Investieren.« Und die gängigste Antwort lautet dann: »Cool, kannst Du meinen Ordner auch mal durchschauen?«.

Der Erfolg meines Buchs war auch der Auslöser für zahlreiche Kooperationen mit TV-Produzenten, zum Beispiel eine Dokumentation über pflegebedürftige Menschen in Deutschland. Auch arbeite ich seither mit zahlreichen Printmedien zusammen, beispielsweise schreibe ich regelmäßig für das renommierte Focus-Online-Magazin. All das festigt meinen Expertenstatus und hat mich in die luxuriöse Lage gebracht, dass ich mich heute vor Kundenanfragen kaum noch retten kann. Endlich kann ich so vertrauensvoll und nachhaltig mit meiner Kundschaft umgehen, wie ich mir das immer gewünscht habe! Im Gegenzug bringen mir viele meiner Kunden ein hohes Maß an Wertschätzung entgegen, unter anderem, weil sie aus zahlreichen öffentlichkeitswirksamen Aktionen meiner Agentur wissen, dass ich meine Seele nicht an die großen Versicherungsfirmen verkaufe, sondern Sorge dafür trage, dass meine Kunden zu ihren wohlverdienten Rechten kommen. Da ist nichts mehr zu spüren von diesem alt-misstrauischen Versicherungs-Mief in unserem Kontakt. Und all das nur wegen Alexander Christiani und seinem eingängigen Blockbuster StorySkript!

Kurz nach der Veröffentlichung des Buches erhielt ich einen Anruf von meinem Vater. In der Lokalzeitung war ein langer Artikel über das Buch und auch meine Arbeit erschienen, und endlich hatte mein Vater kapiert, dass ›für Dummies‹ nicht als abschätzige Formulierung gegenüber meiner dumm(i)en Leserschaft gemeint war, sondern dass es sich bei ›… für Dummies‹ im Gegenteil um eine weltberühmte und qualitativ extrem hochwertige Buchreihe handelt! Mit leiser Stimme sagte er ins Telefon: »Junge, ich bin so stolz auf Dich!«. In diesem magischen Moment hätte ich am liebsten die Zeit angehalten. So wie auch in den zahlreichen Momenten, in denen mir Kunden mit Tränen in den Augen erzählen, wie meine Arbeit ihnen durch schwere Krisen geholfen hat und wie dankbar sie mir dafür sind. Sicher kann auch Alexander Christianis Story-Marketing keine Wunder bewirken, doch aus meiner eigenen Erfahrung weiß ich, dass Storytelling die Wahrscheinlichkeit solcher magischen Momente drastisch erhöht …

Natürlich lassen sich die Erfolge von Storytelling in meinem Fall auch anhand konkreter Zahlen belegen. So gelang es mir unmittelbar im Anschluss an das erste Mentoring-Wochenende, meine Umsatzzahlen zu verdoppeln. Und nach dem zweiten Mentoring-Wochenende schnellte die Zahl der Kundenanfragen mal eben von 147 auf 300 Anfragen pro Monat hoch! Mittlerweile haben wir alle aktiven Werbemaßnahmen eingestellt, weil wir schlichtweg zu viele Mandanten haben. Für mich viel wichtiger ist aber, dass ich dank Storytelling endlich das Gefühl bekommen habe, gebraucht zu werden und einen guten Job zu machen. Meine Kunden begegnen mir offen und interessiert, und ich zahle ihr Vertrauen durch meine kompetente Begleitung zurück. Das habe ich ihnen in meiner persönlichen Story versprochen, und das halte ich natürlich auch ein. Eigentlich ist es ganz einfach: Menschen kaufen von Menschen, die sie mögen. Es ist scheißegal, wenn Euer Hemd mal nicht richtig sitzt oder Ihr Euch beim Sprechen verhaspelt – solange die Leute spüren, dass Ihr es gut mit ihnen meint, werden sie Euch treue Kunden sein! Denn wer Menschen im Herz erreicht, braucht sich um deren Köpfe nicht zu sorgen. Das ist, neben Ehrlichkeit und inhaltlicher Qualität, die Grundvoraussetzung für alles andere. Wenn diese Einsicht bei Euch im Kern auf Resonanz stößt, seid Ihr bei Alexander Christiani und seinem Buch goldrichtig!

Alexander Christianis Story-Marketing-Ansatz ist eine fast idiotensichere Marketing-Strategie, die größtmögliche Kundenaufmerksamkeit garantiert und ein extrem hohes Maß an verlässlicher Kundenbindung schafft, und das alles ohne Extrakosten. Für mich ist sonnenklar, dass dieser Ansatz der Königsweg im modernen Marketing ist. Nun kann natürlich jeder dahergelaufene Spaßvogel behaupten, die Marketing-Weisheit mit Löffeln gefressen zu haben – und meine Zunft, die Versicherungsbranche, ist ganz besonders berüchtigt für leere Versprechungen. Doch glücklicherweise haben in den letzten Jahren zahlreiche ehrbare Unternehmerinnen und Unternehmer Alex' Ansatz auf Herz und Nieren geprüft – mich eingeschlossen.

Und was ergab diese kritische Prüfung in fast 100 Prozent der Fälle? Ein kurzer Blick auf die Webseite von Christiani Story-Marketing spricht Bände: Da berichten begeisterte Kunden und/oder Teilnehmer des Mentoring-Programms von unglaublichen Entwicklungen und bahn-brechenden Erfolgen, die sie mithilfe des Story-Marketings erzielen konnten. Alex selbst sagt immer so schön: »Ich definiere den Erfolg meiner Herangehensweise ausschließlich über den Erfolg meiner Kunden.« In dieser Hinsicht ist völlig offenkundig, dass Story-Marketing à la Alexander Christiani ein echter Kassenschlager ist! Ohne die Hilfe von Alex und seinem Team stünde ich niemals dort, wo ich heute stehe; nicht nur in Bezug auf meine Umsatzentwicklung, sondern vor allem auch die Persönlichkeitsentwicklung, die ich im Rahmen des Mentorings durchlaufen habe. Ich bin Alex zutiefst dankbar für seine Begleitung und erinnere mich immer wieder gerne an die vielen berührenden Momente, die ich im Rahmen des Mentorings erleben durfte.

Lasst uns also rausgehen und nicht einfach ein paar Produkte oder Dienstleistungen verkaufen! Lasst uns unseren Kunden nicht irgendeine Story vom Pferd erzählen, kein Blabla mit Goldschleife drumherum! Lasst uns stattdessen auf authentische und grundehrliche Weise davon erzählen, was echte Qualität für uns bedeutet und auf welche Weise wir sie unseren Kunden anbieten können. Und lasst uns dabei auch ehrlich zugeben, wo die Grenzen unserer Expertise sind. Alles in allem: Lasst uns gemeinsam dafür sorgen, dass wir mit unseren kleinen Geschichten für alle Menschen, die uns am Herzen liegen, den Unterschied machen.

Und damit Bühne frei für meinen persönlichen Storytelling-Meister, Alexander Christiani ...

Dein Dieter Homburg

ERWECKE DEINE BOTSCHAFT ZUM LEBEN

»Wir sind hier, um eine Delle ins Universum zu hauen. Warum wären wir sonst überhaupt hier?« (Steve Jobs)

Kennst Du das auch? Du bist ein Unternehmer[1] mit hochwertigen Produkten, und trotzdem will es Dir einfach nicht gelingen, Dich gegen Deine deutlich schlechteren Mitbewerber durchzusetzen? Deine Produkte oder Dienstleistungen haben eigentlich das Potenzial als attraktive Aushängeschilder einer starken Firmenmarke, und trotzdem ist Dein Unternehmen weitgehend unsichtbar? Du opferst Dich für den Erfolg Deines Unternehmens auf, und trotzdem plagt Dich stets die nagende Ungewissheit, ob Du überhaupt zum erfolgreichen Unternehmer taugst? Falls diese Fragen in Dir eine Resonanz auslösen, kann ich Dich gut verstehen! Mir ist es über Jahre ähnlich ergangen – bis ich die Power von Storytelling wirklich verstanden hatte. In der Folge gründete ich Christiani Story-Marketing. Mein Story-Niveau hatte ich mittlerweile auf eine

[1] Eine grundsätzliche Sache gleich vorweg: Ich stehe mit ganzem Herzen für Gleichberechtigung und Vielfalt. Und die Wirkung von Storytelling ist universell, das heißt, es ist total egal, ob eine Geschichte von einem Mann oder einer Frau erzählt wird, und es ist auch total egal, ob der Held der Story weiblich, männlich, homosexuell oder sonst irgendwas ist. Doch Geschichten – und dieses Buch ist natürlich auch eine Geschichte – wirken nur, wenn sie prägnant formuliert sind! Sätze hingegen wie »Da bekam es der/die Held/in mit der Angst zu tun und fragte seinen/ihre Mentor/in um Rat.« oder »Bist Du ein/e ehrbare/r Unternehmer/in, die/der seinem/r bzw. ihrem/r Kunden/Kundin die beste Qualität liefern möchte?« machen die Sache ziemlich sperrig und ruinieren das Lesevergnügen. Darum habe ich entschieden, meine Geschichten einfach »frei Schnauze« zu erzählen, auch wenn meine Formulierungen nicht immer politisch korrekt sind. Nicht, um damit irgendeine Botschaft zu transportieren, sondern ganz einfach um der Story willen. Ich hoffe, Du wirst mir nach erfolgter Lektüre zustimmen, dass dies eine gute Entscheidung war.

einfache Formel gebracht, mit deren Hilfe Unternehmer auf authentische Weise schneller Kunden und Interessenten gewinnen können als je zuvor. In diesem Buch stelle ich Dir mein gesamtes Erfahrungswissen zur Verfügung, um Dir zu Deinem längst fälligen Marketing-Durchbruch zu verhelfen.

Ich finde, dass ehrbare Kaufleute mit innovativen, nachhaltig entwickelten Produkten – also Menschen wie Du – die wahren Helden unserer Zeit sind. Keine Frage: In einer gerechten Welt würden die besten Produkte die meisten Kunden gewinnen. Leider ist die Welt nicht besonders heldenfreundlich, so dass sich häufig diejenigen Produkte durchsetzen, deren Verkäufer am lautesten brüllen. Ich sehe meine Lebensaufgabe darin, ehrbaren Kaufleuten mit hochwertigen Produkten eine deutlich vernehmbare Stimme zu verleihen. Eine Stimme, die nicht durch bloße Lautstärke, sondern durch mitreißende Klarheit besticht. Damit die Welt von Deinen tollen Produkten erfährt und in deren Bann gezogen wird.

Natürlich kann ich es Dir nicht abnehmen, den Weg auf Deiner ganz persönlichen Heldenreise selbst zu gehen. Doch ich kann Dir mit Rat und Tat verlässlich zur Seite stehen, als erfahrener Reisebegleiter gewissermaßen. Und vor allem: Ich kann Dir helfen, die Botschaft Deines Unternehmens in eine Form zu gießen, die Deine Kunden magisch anziehen wird! Das ist der Kern dessen, was ich Blockbuster-Storytelling nenne:

Wie kannst Du als Unternehmer Deine Markenkommunikation zu einer glasklaren Botschaft in Form einer spannenden Geschichte verdichten?

Oder etwas prägnanter – und mit ein paar mehr Fremdwörtern verziert:

Wie erzählst Du eine Blockbuster-Story?

Dank des Blockbuster-StorySkripts werden Deine Produkte die Aufmerksamkeit erhalten, die sie verdienen – zu Deinem ganz eigenen Wohl, zum Wohl Deiner Mitarbeiterinnen und Mitarbeiter, und letztlich auch zum Wohl Deiner Kunden.

Eine Warnung gleich zu Beginn: Heldenreisen sind Abenteuer, und jedes Abenteuer birgt Gefahren. Welche Gefahren? Nun, im Rahmen meiner langjährigen Praxis als Coach und Mentor habe ich immer wieder festgestellt, dass etwas wirklich Neues nicht aus dem Konsens heraus entsteht, sondern durch kritisches Hinterfragen des Status quo. Und solch ein ungeschminkter Blick auf die Wahrheit kann sich ziemlich bedrohlich anfühlen. Aber es hilft nichts: Bevor Du die Zukunft ins Visier nehmen kannst, musst Du eine schonungslose Bestandsanalyse vornehmen. Zu diesem Zweck muss ein Mentor manchmal Tacheles reden, sonst kommt der Held nur allzu leicht vom rechten Weg ab. Lass Dich also bitte nicht von meiner direkten und bisweilen konfrontativen Art abschrecken! Beim Finden Deiner Blockbuster-Story werden Dich geradlinige Mentoren viel weiter bringen als jemand, der Dich mit Samthandschuhen anfasst und Dir stets nach der Nase redet, großes Storyteller-Ehrenwort!

Alles, was Dich auf den nächsten rund 200 Seiten erwartet, dreht sich letztlich um die Herausforderung, eine möglichst passende Blockbuster-Story für Dein(e) Produkt(e) zu entwickeln. Doch warum solltest Du das tun? Ganz einfach:

Mithilfe einer attraktiven Blockbuster-Story gewinnst Du mehr Neukunden und generierst mehr Umsatz als je zuvor – und das, ohne einen Cent extra für Traffic auszugeben!

Um nichts Geringeres geht es. Wenn Du beharrlich am Ball bleibst, werden wir dieses Ziel gemeinsam erreichen!

Der Begriff des Blockbusters ist Dir sicher im Zusammenhang mit Kinofilmen vertraut – der Hollywood-Blockbuster lässt grüßen. Dort steht der Begriff für einen Kassenschlager mit Einspielergebnissen von über einer Milliarde Dollar. Solche Filme faszinieren uns, fast magisch ziehen sie uns an – diese Streifen will niemand verpassen! Genau solch einen faszinierenden Streifen will ich mit Dir gemeinsam produzieren …

Die großen Geheimnisse des Marketings

Aus meiner Sicht gibt es im Marketing drei bahnbrechende Geheimnisse, die ein Unternehmerleben für immer verändern können. Ziel dieses Buches ist, Dich sukzessive in die drei Geheimnisse einzuweihen und Dir deren ungeahnte Potenziale zu verdeutlichen. Das erste Geheimnis lautet:

Du brauchst die richtige Story-Strategie.

Das Verrückte ist, dass die Story-Strategie zwar ein zentraler Schlüsselfaktor für Marketingdurchbrüche ist, sie jedoch von 99 Prozent aller Marketing-Experten schlichtweg übersehen wird! Dabei geht es nicht um eine wahnsinnig spektakuläre Geschichte, und es geht auch nicht darum, ob Du ein begnadeter Erzähler bist, der bei einer Präsentation alle Zuhörer in seinen Bann zieht. Nein. Vielmehr geht es um den archimedischen Punkt des Storytellings. Archimedes meinte einmal, er könne ganz alleine die Erde anheben, wenn er nur einen festen Punkt und einen ausreichend langen Hebel hätte. Wenn es Dir gelingt, solch einen wirkmächtigen Punkt in Deinem Storytelling zu verankern, entsteht eine immense Hebelwirkung für Dein Unternehmen. In den Köpfen Deiner potenziellen Neukunden macht es unmittelbar ›Klick!‹ und Du wirst Dich vor Neukunden kaum noch retten können.

Später im Buch wirst Du in Bezug auf die Story-Strategie eine Umsetzungsaufgabe finden, für deren Bearbeitung Du etwa eine halbe Stunde einkalkulieren solltest. Diese Zeit ist ein verdammt gutes Investment, denn Deine Lösung der Aufgabe wird später zum Fundament für Dein Storytelling, sie gibt also den richtigen Story-Bauplan vor. Und hier ist das zweite Geheimnis:

Für Stories gibt es einen altbewährten Bauplan – eine einfach umzusetzende Struktur, die Spannung garantiert und Dir ein massives Plus an Aufmerksamkeit beschert.

Ich bin überzeugt: Wenn Du Dich beim Erzählen Deiner Story an diesen Bauplan hältst, werden Deine Kunden zu lebenslangen Fans. Schließlich ist es genau derselbe Story-Bauplan, der einen gewissen Steve Jobs unsterblich gemacht hat. Nachdem dieser zwischenzeitlich bei Apple gekündigt hatte, investierte er fünf Millionen Dollar in Pixar, eine renommierte Produktionsfirma für Animationsfilme, und übernahm dort auch gleich die Position des Geschäftsführers. Der Chef-Storyteller bei Pixar war damals ein Mann namens John Lasseter. Später wird Steve Jobs eben diesen John Lasseter immer wieder über den grünen Klee loben, und das aus gutem Grund: Dieser geniale Geschichtenerzähler war maßgeblich an den Pixar-Welterfolgen ›Toy Story‹, ›Findet Nemo‹, ›Die Unglaublichen‹ und ›Cars‹ beteiligt. Der Mann ist Fleisch gewordene Kreativität! Wenn ein Steve Jobs ihn also als seinen Storytelling-Guru bezeichnet, muss er in Sachen Story-Bauplan einiges auf dem Kasten haben. Was genau sich in diesem Lasseter'schen Zauberkasten versteckt, wirst Du in Teil 2 dieses Buches erfahren.

Stellt sich noch die Frage, welches Geheimnis Dich im dritten Buchteil erwartet:

Eine Story kann nur wirken, wenn sie als Blockbuster umgesetzt wird.

Anders gesagt: Wenn Dein Story-Gerüst erst einmal steht, geht es darum, die Story intelligent zu verdichten. Du kannst nicht immer die komplette Geschichte erzählen. Manchmal musst Du in 30 Sekunden auf den Punkt kommen – zack, ein sogenannter Elevator Pitch! Manchmal muss der zentrale Inhalt Deiner Story auf der kleinformatigen Vorderseite eines Produktflyers deutlich erkennbar sein. Und manchmal musst Du Deine Wortwahl für bestimmte Zielgruppen stark verschlanken. Kurz: Es geht darum, für jede Marketinganforderung die jeweils optimale Umsetzung parat zu haben. Natürlich kommunizierst Du im Kern immer dieselbe Botschaft. Doch Du musst lernen, wann Du etwas weiter ausholen kannst – und wann eben nicht.

Story gut, alles gut?

Vielleicht hast Du Dir beim Lesen der letzten Absätze gedacht: »Und wie soll das funktionieren? In der Schule war ich in Deutsch doch immer eine Niete!« Oder vielleicht hast Du Angst, weil Deutsch nicht Deine Muttersprache ist. Wie auch immer, ich verspreche Dir: Du kannst das! Oder wie es Barack Obama mal ausgedrückt hat: Yes, we can! Du bist der Unternehmer, niemand weiß besser als Du, was Du zu bieten hast und warum ein Kunde ausgerechnet mit Dir zusammenarbeiten sollte. Damit hast Du das entscheidende Knowhow schon beisammen! Ich helfe Dir gerne dabei, dieses Knowhow sprachlich gekonnt auf den Punkt zu bringen.

In diesem Sinne wartet am Ende des Buches ein Bonus-Coaching auf Dich, das ich gerne ›Marketing malen nach Buchstaben‹ nenne, weil seine Umsetzung so spielerisch leicht gelingt wie beim berühmten Kinderspiel ›Malen nach Zahlen‹. Viele Unternehmer scheuen davor zurück, die Texte für ihre Webseite selbst zu erstellen. Doch solche Sorgen sind völlig unbegründet! Denn wenn Deine Story erst einmal steht, kannst Du Deine Webseite – also Deine Visitenkarte im Internet – in ein paar Stunden kinderleicht selbst erstellen. Marketing malen nach Buchstaben halt …

Tolle Aussichten also für Dich. Dennoch möchte ich Dir eine Wahrheit nicht verschweigen: Dieses Buch wie auch meine Seminare sind leider nicht für jedermann beziehungsweise jederfrau geeignet. Und um ehrlich zu sein, ist Storytelling auch nicht für jedes Unternehmen das Richtige. Denn bei Produkten oder Dienstleistungen, die nur durchschnittlich (oder noch schlechter) sind, hilft die beste Story nichts. Wenn zum Beispiel jemand mit irgendwelchen Billigprodukten aus China handelt und damit den großen Reibach machen möchte, dann kann Storytelling seine großartige Wirkung nicht entfalten, weil eine ganz wesentliche Zutat fehlt: Marketing-Stories müssen ehrlich sein!

Seit Tausenden von Jahren haben Geschichten die Funktion, in den Köpfen ihrer Zuhörer intuitive Bilder zu erzeugen, die dann symbolisch für die geschilderte Situation im Inneren der Menschen wirken. Doch solche Symbole entfalten ihre Wirkung nur, wenn sie als wahr und authentisch erlebt werden. Wenn Du jedoch mit einem unterdurchschnittlichen Produkt handelst, musst Du entweder einen Teil der Wahrheit vertuschen oder die Wahrheit mithilfe einer besonders hochwertigen Verpackung aufhübschen. In beiden Fällen wird der Kunde diesen »Betrug« sofort spüren. Ende der Story.

Im Umkehrschluss lautet die gute Nachricht: Wenn Du ein Unternehmer mit einem hohen Anspruch bist – also einer mit hochwertigen Produkten und einem respektvollen Umgang gegenüber Deinen Kunden –, dann bist Du bei mir goldrichtig. Dann kommst Du schnell auf die Überholspur! Um Dir darüber klarzuwerden, ob Deine Produkte hochwertig sind, musst Du nur folgende zwei Fragen stellen:

- Verlangst Du für Deine Produkte mehr als den absoluten Minimumpreis?

- Kommen Deine Stammkunden immer wieder zu Dir, obwohl sie wissen, dass das, was sie von Dir kaufen, seinen Preis wert ist?

Wenn Du bei beiden Fragen »Ja!« sagst, bietest Du offenbar etwas Besonderes an. Etwas, das Deine Kunden zu schätzen wissen. Jetzt musst Du nur noch mithilfe von Storytelling erreichen, dass neue Interessenten sich gleichermaßen zu Deinem Unternehmen hingezogen fühlen. Was Deine Stammkunden bereits an Dir schätzen, müssen Deine zukünftigen Kunden durch Deine Story zu schätzen lernen. Genau daran werden wir gemeinsam arbeiten.

Für Global Player und Mittelstand gleichermaßen geeignet

Viele selbsternannte Marketing-Experten behaupten, jedes Unternehmen könne binnen vier bis sechs Wochen megaerfolgreich sein. Manche schmieren Dir Honig ums Maul, indem Sie Dir in Aussicht stellen, dass Du mithilfe ihrer Ansätze in kürzester Zeit ein sechsstelliges Monatseinkommen erzielen wirst. Das klingt natürlich super. Ich bin mit solchen Prognosen eher vorsichtig. Zwar ist es mit einer guten Story tatsächlich möglich, in erstaunlich kurzer Zeit enorm viel zu erreichen, doch in den allermeisten Fällen hängt dies auch damit zusammen, dass die betreffenden Unternehmer schon vorher ein exzellentes Angebot hatten. Ihre Produkte sind nicht vom Himmel gefallen, sondern wurden in schweißtreibender Arbeit sorgfältig entwickelt. Wenn solch hochwertige Produkte dann noch eine griffige Story bekommen, entfalten sie fast zwangsläufig ihr volles Verkaufspotenzial.

Egal ob hochqualifizierte Steuerberaterin, sorgfältiger Zahntechniker oder erfahrener Dachdecker: Alle Unternehmer, die in ihrer bisherigen Karriere eine gewisse Expertise erworben haben und mit ganzem Herzen bei ihrer Sache sind, werden mithilfe des Blockbuster StorySkripts ihren archimedischen Punkt finden – und damit ihr Unternehmen in ganz neue Dimensionen führen. Um Dir einen Eindruck zu vermitteln, wie solche Dimensionen konkret aussehen können, stelle ich Dir nachfolgend einige Erfolgsbeispiele aus verschiedenen Branchen vor. Danach geht es dann so richtig los mit dem Storytelling!

SEITEN VOLLER STORY-ERFOLGE

»Fakten in einer Geschichte werden 22-mal besser in Erinnerung behalten als ohne einen Story-Kontext« (Jerome Bruner)

Bei Christiani Story-Marketing definieren wir unseren eigenen Unternehmenserfolg ausschließlich über den Erfolg unserer Kunden. Klar also, dass ich zuerst meine Kunden erzählen lasse, bevor ich Dir das Geheimnis hinter ihren Erfolgsgeschichten – das Geheimnis des Blockbuster Story-Skripts – verrate. Auf den folgenden Seiten findest Du nachgewiesene Umsetzungserfolge und Marketingdurchbrüche durch Storytelling aus unterschiedlichsten Branchen. Insgesamt sind wir mit unserem Coaching inzwischen in über 80 Branchen aktiv und sogar ein Beerdigungsinstitut zählt zu meinen Kunden! Wenn Story-Marketing in derart vielen unterschiedlichen Branchen ein ums andere Mal derart bahnbrechende Wirkungen erzielt, kann es sich nicht nur um reine Glückstreffer oder um eine »Insellösung« für spezielle Unternehmenssparten handeln, oder?

Ich nenne explizit die Namen all meiner Kunden, damit Du Dir bei Interesse alle Internetauftritte selbst ansehen kannst. So kannst Du wertvolle Inspirationen aus deren Erfolgsgeschichten ziehen![2]

[2] Alle in den Referenzen genannten Zahlen entsprechen dem Stand August 2022, sofern kein anderes Datum angegeben ist.

Kundenporträts, die unter die Haut gehen

Hochspannung garantiert

Nathalie Sameli hatte sich in den letzten Jahren eine Event-Agentur aufgebaut, die langsam Fahrt aufnahm – etwa 240 Veranstaltungen pro Jahr mit einem Gesamtwert von mehr als einer Million Euro waren Anfang 2020 in der Pipeline. Das Angebot bestand aus Event-Krimis, bei denen Schauspieler vor und mit dem Publikum spielen, und Stadt-Krimis, bei denen bis zu 60 Menschen in kleine Teams aufgeteilt werden, um Schauspieler als Zeugen zu befragen und gemeinsam den Schuldigen einer Gauner-Story zu finden. Dann kam der 18. März 2020 und damit der Corona-Lockdown. Nathalie erinnert sich mit Schrecken daran: »Mein Telefon stand nicht mehr still ... eine Absage nach der anderen. Und jedes Nein war ein Messerstrich, der meinen Lebenstraum weiter zerstörte. Ich wollte Plätze der Begegnung zu schaffen, doch diese Vision wurde nun einer knallharten Prüfung unterzogen!«

Nathalie grübelte, wie es weitergehen sollte. Irgendwann kamen ihr dann die Worte ihres Mentors Alexander Christiani in den Sinn: »Die Welt braucht Verbinder wie Dich! Deine Stimme ist wichtig, und Deine Zukunft ist online.« Das führte bei Nathalie zu einer gedanklichen Wende und einem neuen Energieschub. Binnen einer Woche baute sie das Krimi-Konzept in eine Online-Version um. Am 2. April war der erste Test, und am 4. April gleich die erste Veranstaltung. »Anfangs gab es viel Gegenwind«, erinnert sich Nathalie, »doch ich habe mich nicht beirren lassen. Ich habe überall Storytelling eingesetzt, auf der Webseite, der Landingpage oder in telefonischen Beratungsgesprächen. Ich habe mindestens 10 Erklär-Videos gemacht. Alex und das gesamte Team von Christiani Story-Marketing haben mich dabei super unterstützt.«

Mit jedem weiteren Story-Element kamen mehr Durchbrüche. Nach drei Monaten fanden bereits 40 Events pro Monat statt, und im Dezember

2020 waren es 149 – mehr als die Hälfte des Vorjahresvolumens. Im Januar 2021, wenn saisonbedingt eigentlich fast nichts los ist, startete Nathalie mit vier Dutzend Events durch. Und das Jahr 2021 – ebenfalls fest im Griff der Corona-Pandemie – beendete Nathalies Event-Agentur mit einem dramatischen Umsatzwachstum von mehreren Millionen Euro! »Die Online-Anfragen haben sich binnen kurzer Zeit verzehnfacht, und ich konnte insgesamt 10 neue Mitarbeiter als Regionalmanager für Großbritannien, Südkorea und Russland einstellen«, freut sich Nathalie.

Für Nathalie ist klar: »Storytelling hat mich im Lockdown vor dem Absturz bewahrt und mir den größten Durchbruch meiner Karriere beschert. Doch was noch wichtiger ist: Alex' Story-Coaching hat mir den Weg gezeigt, um meinen Traum zu leben und Menschen miteinander zu verbinden.«

Webseiten: **www.nathaliesameli.com** und **www.stadt-krimi.com**

Vom Mega-Flop zum Story-Triumph

Das Jahr 2011 war für **Johannes Boric** ganz, ganz düster. Er wollte damals das Charity-Projekt ›Licht ins Dunkel‹ unterstützen und hatte zu diesem Zweck eine Million wiederverwendbare Geschenkverpackungen für das Weihnachtsgeschäft eingekauft. Doch das Projekt floppte und Johannes blieb nicht nur auf 35.000 Euro Einkaufskosten sitzen, sondern auch auf einer bis obenhin mit Geschenkverpackungen zugestopften Garage, in der nun plötzlich kein Platz mehr für Schwiegerpapas Auto war! »Ich fühlte mich wie der Depp vom Dorf«, erinnert sich Johannes. » Ich hatte 25 Jahre in der Markenartikel-Industrie gearbeitet und war in Österreich als Initiator der Milka-Eiskuh ziemlich bekannt geworden, danach habe ich als Vertriebsleiter einer namhaften Firma den Osteuropa-Umsatz über 15 Jahre hinweg von einem niedrigen zwei- auf einen dreistelligen Millionenumsatz entwickelt, und jetzt war ich bei meinem gutgemeinten Versuch, wieder einen sechsstelligen Betrag für Kinder in Not zu sammeln,

dermaßen ins Fettnäpfchen getreten!« Doch Aufgeben ist nicht die Sache von Johannes Boric: Jeden Morgen stand er extra früh auf und versuchte vor der Arbeit, erste Geschenkverpackungen über Amazon zu verkaufen. Am Anfang ging gar nichts, doch er ließ nicht locker. Drei Jahre lang arbeitete er an seinem Amazon-Account und fuhr mehrmals nach Amerika, um von den besten Amazon-Profis zu lernen. Zweieinhalb Jahre später war es endlich so weit: Die Garage war leer, Johannes war bei Amazon in den USA auf Platz 1, und statt 35.000 Euro Schulden standen 200.000 Euro Plus auf dem Konto. Das Auto des Schwiegervaters hatte endlich wieder ein Dach über dem Kopf und alle, die zuvor über Johannes gelacht hatten, blickten anerkennend zu ihm hoch.

Nun hatte Johannes Blut geleckt – er spielte mit dem Gedanken, seine Karriere als Top-Manager an den Nagel zu hängen und gemeinsam mit seiner Tochter Victoria ein Amazon-Consulting-Business hochzuziehen. Doch mit Mitte 50 eine gut dotierte Stelle aufgeben und noch einmal bei null anfangen? Johannes war hin- und hergerissen. Noch heute erinnert er sich genau an den entscheidenden Moment: »Ein guter Freund meinte damals zu mir: ›Wenn Dich jemand strategisch beraten kann, dann ist es Alexander Christiani.‹ Dieser Tipp war ein echter Volltreffer! Alex' Seminar ›Storytelling im Business‹ hat mir die Augen geöffnet, was mit Story-Marketing alles möglich ist. Und alle meine Zweifel waren auf einmal wie weggeblasen ...«

Johannes erklärt den Schlüssel zum Erfolg von Storytelling wie folgt: »Es ist die besondere Story-Struktur, die dazu führt, dass im Kopf des Interessenten ein ähnlicher Nutzenfilm entsteht, wie ihn unsere Stammkunden aufgrund ihrer Erlebnisse mit uns schon haben.« Gemeinsam mit Alexander Christiani und dessen Story-Formeln entwickelten Johannes und seine Tochter einen Amazon-Performance-Index. »Das war der Durchbruch!«, denkt Johannes freudig an diese aufregende Zeit zurück. »Beim ersten Test dieser Aufhänger-Story auf der Pferdemesse in Friedrichshafen haben wir bei zehn Gesprächen fünf Interessenten gewonnen.«

Dann kam der Corona-Lockdown – eigentlich so ziemlich das Schlimmste, was einem passieren kann, wenn man sich drei Monate vorher gerade selbständig gemacht hat. »Doch Alex und die gesamte Storyteller-Community haben uns auch in dieser schweren Phase massiv nach vorne geschoben. Da unterstützt jeder jeden! Im Juni 2021 hatten wir bereits die Umsatzmarke von 100.000 Euro geknackt. Bis zum Jahresende waren es über 200.000 Euro – ein super Wert für ein Consulting-Startup unter so schwierigen Bedingungen!«

Das Wichtigste für Johannes und seine Tochter ist, wie sie ihre Kunden voranbringen können. »Bei einem Kunden haben wir den Umsatz vervierfacht, einen anderen haben wir von Seite 7 bei Amazon auf Seite 1 gebracht. Gerade haben wir einen portugiesischen Schokoladenhersteller mit seinem neuen Schokoriegel in den USA ganz vorne platziert. Doch der Erfolg, auf den wir am meisten stolz sind, ist ein anderer: In einer Schule in Uganda haben wir Flüchtlingen gezeigt, wie sie von Afrika aus Amazon-Verkäufe tätigen können. Wir haben für sie den Markt analysiert und jetzt verkaufen sie eine bestimmte heimische Grassorte in Amerika als Natur-Strohhalme! Schon nach 3 Monaten machte das Team einen Monatsumsatz von 4.000 Dollar und erwirtschaftete 1.500 Dollar Ertrag – was bei einem Monatslohn von 42 Dollar in Uganda der Wirtschaftsleistung von 35 Arbeitskräften entspricht! Wir selbst investieren 10 Prozent unseres gesamten Umsatzes, um dieses großartige Projekt noch weiter voranzutreiben. Und all das nur wegen der wundersamen Wirkung von Storytelling!«

Webseite: **www.amzexperte.com**

Authentizität macht sich bezahlt

Birgit Untermair ist erfolgreicher Life- und Business Coach. Ihr YouTube-Video ›Emotionale Abhängigkeit – So lernst Du loszulassen und Dich selbst zu lieben‹ wurde schon im ersten Jahr mehr als 750.000 Mal angeklickt. »Dieses Video mit meiner eigenen Lebensgeschichte war wirklich ein Game-Changer. Auch heute bekomme ich noch zahlreiche Zuschriften von Frauen, die sich erkundigen, ob ich dazu ein Coaching-Programm anbiete.«

Birgit ist mit Leib und Seele Coach, und das persönliche Wachstum und Vorankommen ihrer Coachees liegt ihr sehr am Herzen. »Deshalb tut es mir besonders weh, wenn Menschen den Erfolg an Stellen suchen, wo er garantiert nicht zu finden ist! Wenn mich zum Beispiel Klienten fragen: ›Birgit, woher nimmst du denn deine Energie und warum geht das bei dir so leicht?‹, dann geht diese Frage völlig am eigentlichen Thema vorbei. Denn die bittere Wahrheit ist: Auch ich durfte einige Hindernisse überwinden und mich von vielen alten Mustern befreien, bevor ich mir den Weg zum Erfolg freigeschaufelt hatte. Eine Redewendung besagt: »Erfolg folgt, wenn du deiner Berufung folgst.« Es war für mich aber wirklich ein Prozess, meine Berufung zu finden. Im ersten Schritt führte mich dieser Weg zurück zu mir selbst. Ich durfte emotionale Abhängigkeit und die unschöne Erfahrung einer narzisstischen Partnerschaft mit all den Selbstzweifeln und einer ungewollten Schwangerschaft meistern. Ich kannte dieses System in meinem Leben schon. Aus dem ›Opferland‹ ins ›Schöpferland‹ lautete die Devise. Dieses Erlebnis damals war der Wendepunkt in meinem Leben.«

Der Rest ist also Geschichte: Birgit musste eine schwere Lebensentscheidung in Bezug auf die Schwangerschaft treffen, verließ dann ihren Partner und nahm sich anderthalb Jahre Zeit, um sich seelisch und gesundheitlich von diesen Erfahrungen zu erholen. Während dieser Genesungszeit absolvierte sie unzählige Coaching-Ausbildungen und spezialisierte sich unter anderem darauf, betroffene Frauen in emotionalen Abhängigen und toxischen Partnerschaften zu begleiten. Mittlerweile hilft sie genau diesen Frauen, in ihr vollkommenes Strahlen zu kommen und ihr eigenes Business aufzubauen.

Die wohl wichtigste Erkenntnis dabei: Wenn Du wirkungsvoll wachsen willst, musst Du Dich voll reinhängen – und Du brauchst einen Mentor! »Ein prima Beispiel dafür ist mein Storytelling-Coach Alexander Christiani. Ich hatte das große Glück, ihn direkt zu Beginn meiner Ausbildung kennenzulernen. Er ist für mich der beste Storyteller der Welt. Sein wirksamstes Tool sind die Hot Seats: Wenn Du bei ihm auf dem heißen Stuhl sitzt und er mit Dir Deine Story entwickelt – da gibt es weltweit niemanden, der das so kann wie er!«

Birgits Empfehlung ist glasklar: »Wenn Du lernen möchtest, wirklich erfolgreich zu kommunizieren, brauchst Du Alex' Story-Systematik. Ich selbst habe vermutlich nur 30 Prozent davon umgesetzt, doch allein damit konnte ich meinen Umsatz um 430 Prozent steigern. Von Juni 2021 bis Mai 2022 habe ich meine erste Million Umsatz innerhalb von 12 Monaten gemacht, und nach den ersten sieben Monaten von 2022 bin ich bereits bei 1,1 Millionen Euro Umsatz. Und das alles, bevor die Launchphase überhaupt beendet ist! Alex' Motto ›Du bist nur eine Story von Deinem Durchbruch entfernt‹ trifft voll und ganz auf mich zu: Denn durch Alex habe ich gelernt, dass es kein Zeichen von Schwäche ist, wenn ich meine Geschichte mit meinen Zuhörerinnen teile, sondern dass ich im Gegenteil durch diese authentische Art der Kommunikation genau diejenigen Klientinnen in mein Leben ziehe, die mit mir in Resonanz sind und denen ich perfekt helfen kann. Auch bei meinen Online-Masterclasses, Programmen und Workshops verwende ich Alex' Blockbuster StorySkript und erreiche damit meine Klientinnen viel tiefer als früher – was wiederum ihre Transformation beschleunigt!«

Webseite: **www.meetbirgituntermair.com**

Eine haarige Erfolgsstory

Robert Holz war ursprünglich DJ, doch irgendwann begann er, seine Frau Katrin – eine Friseurmeisterin, die eine sensationelle Haarverlängerung entwickelt hat – im Marketing zu unterstützen. Er investierte 15.000 Euro in eine neue Webseite und 20.000 Euro in eine Facebook-Page mit über 4.000 Followern, doch jenseits von Katrins Stammkundschaft verpufften die Bemühungen einfach. »Irgendwann in dieser Frustphase hörte ich einen Vortrag von Alexander Christiani«, erinnert sich Robert lebhaft, »der sagte sinngemäß, dass es Null-Botschafts-Marketer und Story-Marketer gebe. Die Null-Botschafts-Marketer sagen, was alle anderen auch sagen. Die Story-Marketer hingegen erzählen Geschichten, durch die Deine Kunden den Nutzen Deines Angebots in einem inneren Film erleben. Das hat Alex uns direkt anhand von einigen spontanen Fallbeispielen aus dem Publikum eindrucksvoll gezeigt. Wir alle saßen mit offenem Mund da und dachten jedes Mal: ›Irre, das will ich jetzt sofort kaufen!‹ In dem Moment habe ich entschieden, dass ich Storytelling lernen möchte.«

Dank Alex' Mentoring-Programm und der Stories, über die Robert und seine Frau seither mit ihren Kunden kommunizieren, haben sie in 2021 1,3 Millionen Euro Umsatz gemacht, zweieinhalb Mal so viel wie im Vorjahr – und das trotz acht Wochen Corona-bedingten Lockdowns in der Friseurbranche! »Wir haben unseren Gewinn verdreifacht und konnten aus laufenden Mitteln ein Haarlager im Wert von mehreren Hunderttausend Euro aufbauen. Und das Allerbeste: Wir haben jetzt zwei Marketing-Mitarbeiter angestellt, so dass wir jeden Tag pünktlich um 14.00 Uhr zuhause bei unseren Kindern sein können.«

»Was Alex' Coaching so einzigartig macht, sind seine Story-Skripte. Früher habe ich ausführlich argumentiert, warum unsere Haarverlängerung besser ist als andere Methoden – mit dem Ergebnis, dass sich kaum jemand dafür interessierte. Heute vertraue ich voll auf Alex' Blockbuster StorySkript. Was ist der Kittelbrennfaktor? Bei Friseuren, dass sie keine neuen Mitarbeiter finden, weil sie nur 12 Euro Stundenlohn bezahlen. Was ist der Wunsch dieser Friseure? Wie toll es wäre, wenn die besten Mitarbeiter der ganzen Stadt für sie arbeiten würden! Und dann zeige ich ihnen, wie sie ihren Mitarbeitern mit unserem System sogar 35 Euro pro Stunde zahlen können. Und dann wollen auf einmal alle Lizenzpartner werden!« Auf diese Weise haben Robert und seine Frau im letzten Jahr 40 Lizenzpartner aufgebaut … und 160 weitere Interessenten sind in der Warteschleife.

Für Robert ist klar: »Wenn ich jetzt zurückschaue, kann ich nur sagen, dass Storytelling mein Leben verändert hat! Entscheidend ist für mich gar nicht das Finanzielle, sondern die Wertschätzung unserer Lizenzpartner – ihre Dankesbriefe zu Weihnachten, wie einschneidend sich ihr Leben verbessert habe. Und dann die wertvolle Freizeit mit unseren Kindern! Doch das Allergrößte ist, dass Katrins Haarverlängerung jetzt in ganz Deutschland bekannt ist. Über 6000 Frauen profitieren inzwischen davon. Eine junge Top-Managerin schrieb mir vor kurzem, sie habe erstmals in ihrem Leben ein Kompliment für ihr Haar bekommen – und ich könne mit nie und nimmer vorstellen, was das für ihr Selbstbewusstsein bedeute!«

Webseite: **www.madcut.eu**

Der Branchenbeweis: Storytelling funktioniert immer und überall

1 **Thomas Schubert** ist Natursteinhändler aus Wien. Mithilfe eines kurzen Story-Videos auf seiner Webseite konnte er seine Umsätze binnen fünf Monaten um satte 22,9 Prozent steigern.

Webseite: **www.schubertstone.com**

---

2 **Boris Thomas**, Geschäftsführer von Lattoflex, hat mithilfe seines persönlichen Storytellings inzwischen vier Mal den Marketingpreis des Deutschen Möbelhandels gewonnen! Und schon zwei Mal zählte er zu den von Ernst&Young ausgezeichneten ›Besten Unternehmern Deutschlands‹.

Dabei sah es zwischenzeitlich ganz düster für sein Unternehmen aus. Sein Großvater war der Erfinder des Lattenrosts und hatte sich 1957 ein weltweites Patent darauf gesichert. Doch schon bald warfen jede Menge Raubkopierer günstigere Produkte auf den Markt, so dass das Kerngeschäft der Familie Thomas fast komplett einbrach. Ende 2013 besuchte Boris Thomas das Seminar ›Storytelling im Business‹ und war sofort Feuer und Flamme von Storytelling! Kein Wunder: Denn seither hat er seinen Umsatz mehr als verdoppelt, und ist zudem erfolgreicher Autor der Bücher ›Fang nie an aufzuhören‹ und ›Teile die Wolken und finde den Weg‹. Heute wird er regelmäßig zu Veranstaltungen eingeladen, um von seinen Storytelling-Erfolgen zu berichten. In der Firmenzentrale ist er hingegen kaum noch anzutreffen – was für eine Transformation!

Webseiten: **www.boristhomas.de** und **www.lattoflex.com**

Natürlich funktioniert Storytelling auch für Handwerker. So berichtet der ostfriesische Markisenmeister **Jens Trauernicht** von einem Umsatzwachstum von 62 Prozent in nur 18 Monaten. Kein Ostfriesen-Witz! **3**

Webseite: **www.trauernicht-markisen.de**

Den Immobilienexperten **Alex Fischer** kannte bis vor einigen Jahren noch niemand. Sein Durchbruch war der Bestseller ›Reicher als die Geissens‹, dessen Story-Entwurf er gemeinsam mit Alexander Christiani aufgebaut hat. In der Folge gelang es ihm, schon im ersten Jahr einen siebenstelligen Umsatz zu erzielen, nach drei Jahren war er im achtstelligen Bereich. Und alles begann mit einer Story, die Alex Fischers Angebot von allen anderen Immobilienexperten differenzierte. **4**

Auch im Multi-Level-Marketing tun Stories verlässlich ihren Dienst. **Achim Mensing** ist in diesem Bereich zum Nummer-1-Partner bei Jemako geworden – mit Stories, die er gemeinsam mit Alexander Christiani und seinem Team entwickelt hat. **5**

---

6 Wie sieht es in der Softwarebranche aus? Der IT-Unternehmer **Roland Wienen** hatte schon immer hervorragende Softwarelösungen für Pflegeeinrichtungen entwickelt. Als er dann Storytelling als Kommunikationsmedium für sein Marketing entdeckte, machte er mal eben 320.000 Euro mehr Umsatz.

Webseite: **www.profsys.de**

---

7 **Sven Schöpker**, Schreinermeister mit drei Standorten in Münster, Düsseldorf und Norderney, hatte mit seiner ›Raumfabrik‹ schon vor seinem Einstieg in die Welt des Storytellings einen Umsatz im höheren siebenstelligen Bereich. Binnen 18 Monaten ist Svens Umsatz nochmals um satte 50 Prozent gestiegen.

---

8 **René Tzschoppe** ist Internetmarketingexperte. Er hat im Internetmarketing praktisch alles richtig gemacht. Als er lernte, wie er durch Stories noch klarer rüberbringen kann, was seine Kunden von ihm erwarten dürfen, legte er binnen sechs Monaten um 82 Prozent zu!

---

9 Der Zahnarzt **Dr. Reinhard Dittmann** hat mit seinem neu aufgebauten YouTube-Kanal 300 Patienten im ersten Jahr gewonnen. Und das mit ein bisschen Storytelling!

Und dann ist da noch der Verkaufsberater **Oliver Kleboth**, der mithilfe seiner Produkt-Nutzen-Stories schon vor der Gründung seines Unternehmens bereits über 150.000 Euro an Coaching-Honorar in trockenen Tüchern hatte. **10**

Weiter geht's mit dem Immobilienmakler **Lutz Lange**. Im hässlichsten Flecken von Ulm hatte er sich an ein umfangreiches Stadt-Sanierungsprojekt gemacht. Er war so überzeugt von seinem Konzept, dass er sein gesamtes Familienvermögen in das Projekt steckte. Mithilfe des Blockbuster StorySkripts gelang es ihm dann, eine bestechend gute Story zu entwickeln, damit auch mögliche Interessenten das Projekt ähnlich bestechend finden. Und siehe da, es klappte! Unter dem Titel ›Häuser mit Seele‹ stellte Lutz Lange einen Immobilienrekord für die Ewigkeit auf, mit 30 verkauften Wohneinheiten binnen 30 Tagen. Und das mit Wohnungen, deren Perspektive zuvor niemand erkannt hatte! Einen ähnlichen Zauber hat Lutz Lange inzwischen übrigens mit zwei weiteren Objekten wiederholt … **11**

Inga Paulsen ist Stimmtrainerin. Früher bekam sie 60 Euro pro Unterrichtsstunde, dann entwickelte sie ihren 8-Wochen-Stimmkurs für 2.000 Euro – mit der richtigen Story und Garantie inklusive. Nur 14 Tage, nachdem sie mit ihrer Story online gegangen war, schrieb Inga ganz glücklich: »Herr Christiani, ich habe direkt zwei große Stimmtrainings verkauft – für insgesamt 5.755 Euro.« Für ein Eine-Frau-Unternehmen fühlt sich das an wie ein gelöster Marketing-Knoten! **12**

13 **Sascha Sadeghian**, Immobilienfinanzierer aus Siegburg, erreichte dank seiner genialen Positionierungs-Story und seiner klaren Außenkommunikation ein Umsatzplus von 82 Prozent binnen 11 Monaten. Und nicht nur das: In der Zwischenzeit ist das ZDF auf seine unterhaltsame Professionalität aufmerksam geworden und hat ihn als Immobilienfinanzierungs-Experten bei ›Hallo Deutschland‹ engagiert.

---

14 **Christian Beck** besitzt einen Online-Shop für Premium-Tees. Unter www.teekenner.de veröffentlicht er regelmäßig seine Tee-Stories im Internet und steigerte damit seinen Umsatz um mehr als 100.000 Euro binnen 9 Monaten. Mittlerweile hat er die vielen tollen Stories in einem Buch namens ›Tea Trip‹ niedergeschrieben, welches unter anderem mit der Gold-Medaille des Deutschen Fotobuchpreises 21/22 prämiert wurde.

---

15 **Hartmut Seidel** ist Physiotherapeut. In drei von vier Fällen kann er Menschen dabei helfen, eine Hüft-OP zu vermeiden. Er berichtete: »Dank Storytelling habe ich mit 400 Euro Facebook-Budget 170 Leads eingesammelt.« Daraus wurden 54 Neukunden mit 80.000 Euro Umsatz.

Alexander Müller ist CEO der Weiterbildungsplattform ›Greator‹, ehemals ›Gedankentanken‹. Eines Tages wollte er ein großes Seminar aufziehen, doch irgendwie hakte es beim Marketing. Mithilfe des Blockbuster StorySkripts entwickelte er dann eine stimmige Marketing-Kampagne, die großartige Früchte trug: »Wir haben das StorySkript bei unserem Flagschiff-Seminar ›Aufbruch 2019‹ einem knallharten Vorher-Nachher-Vergleich unterzogen. Das Ergebnis hat meine hohen Erwartungen nochmals übertroffen: Unsere Marketingkosten haben sich um mehr als 25 Prozent reduziert und wir haben bei 2078 verkauften Tickets in vier Monaten einen zusätzlichen Deckungsbeitrag von 39.482 Euro erwirtschaftet. Und das alles schon beim ersten Test! Meine klare Empfehlung: Sofort umsetzen – jeder verlorene Tag verbrennt richtig viel Geld.« **16**

Weitere Referenzen findest Du unter **www.story-magic.de/stories.**

TEIL I
WARUM STORIES?

Du bist eine ehrbare Unternehmerin, ein ehrbarer Unternehmer mit hochwertigen Produkten oder Dienstleistungen und hast es satt, täglich gegen schlechtere Mitbewerber zu verlieren, die lauter schreien? Dann kannst Du Dich auf Teil I dieses Buches freuen! Hier lernst Du ein geniales Marketingkonzept kennen, mit dessen Hilfe sich Deine Produkte wie ein Lauffeuer verbreiten werden.

KAPITEL 1: DIE GESCHICHTE DES BLOCKBUSTER STORYSKRIPTS

»Die Menschen, die die besten Geschichten erzählen, regieren die Welt.« (Platon)

Im letzten Kapitel hast Du anhand einiger eindrücklicher Erfolgsgeschichten meiner Kunden miterlebt, wie mächtig Blockbuster Storytelling ist. Nun möchte ich Dir erzählen, wie ich selbst damals zum Storytelling gefunden habe und wie sich mir Stück um Stück das sagenhafte Potenzial von Stories als Marketinginstrument erschlossen hat.

Die Macht von Geschichten ist altbekannt. Schon der geniale griechische Philosoph Platon wusste davon, wie das obige Zitat eindrücklich belegt. In der modernen Welt verkörpert niemand diese Einsicht so stark wie der US-Unternehmer Steve Jobs. So sagt er in einem YouTube-Video: »The most powerful person in the world is the storyteller. He sets the vision, values and agenda of an entire generation that is to come.« (Auf Deutsch etwa: Die mächtigste Person auf der Welt ist der Storyteller. Er bestimmt die Vision, die Werte und die Agenda einer ganzen Generation, die noch kommen wird.)

Es ist mir zwar etwas peinlich, das zuzugeben – doch in meinem Fall dauerte es ziemlich lange, bis ich die volle Tragweite von Platons Aussage verstand. Als ich das Zitat vor rund 30 Jahren zum ersten Mal gehört habe, dachte ich nur: »Cooler Spruch!«. Doch obwohl ich ihre tiefe Wahrheit noch nicht verstand, verließ mich Platons Botschaft seither nie wieder. 22 lange Jahre wirkte sie unbewusst in mir weiter, bis irgendwann ein Groschen nach dem anderen fiel und ich die volle Magie des Storytellings erkannt hatte. Und die fast unerschöpflichen Möglichkeiten, die sich für Marketingzwecke daraus ergeben.

Ich wünsche Dir, dass Deine Story-Lernkurve steiler verlaufen wird als meine, und dass Du das großartige Potenzial von Geschichten möglichst bald für Dich zu nutzen verstehst. Zu diesem Zweck erzähle ich Dir von meinem eigenen (Um-)Weg zum Blockbuster Storytelling – vielleicht kannst Du ja aus meinen Fehltritten etwas lernen und kommst so noch schneller zum Ziel.

Der Hein Blöd des Storytellings

Beginnen möchte ich mit einer Anekdote von meinen beiden Söhnen, Raphael und Constantin. Die beiden waren schon junge Erwachsene und begleiteten mich hin und wieder zu meinen Veranstaltungen. Nachdem ich mal wieder einen Vortrag über Storytelling gehalten hatte, hörte ich Raphael zu Constantin sagen: »Also mal ehrlich, unser Papa ist doch echt der Hein Blöd des Storytellings.« Ich dachte, ich höre nicht richtig! Im ersten Moment war ich ziemlich gekränkt. Doch als wir später beisammen saßen, klärten mich meine Söhne auf: »Du erzählst auf der Bühne, dass du 22 Jahre gebraucht hast, um Stories und deren unglaubliches Potenzial komplett zu verstehen. Dafür brauchst Du gerade mal 22 Minuten, und alle Zuhörer checken das auch in weniger als 22 Minuten. Du selbst hast dafür aber angeblich mehr als 20 Jahre gebraucht.« Klar hatten sie recht damit, doch ich setzte zum Konter an: »Jungs, versetzt Euch bitte mal in meine Situation. Ich war 1991 ein ganz junger Trainer,

Anfang 30, frisch verheiratet und gerade Papa geworden. Ich war beruflich noch ziemlich grün hinter den Ohren, und im Gegensatz zu meinen heutigen Zuhörern war für mich weit und breit kein Mentor in Sicht, der bereit gewesen wäre, mich in die Kunst des Geschichtenerzählens einzuführen. Ich musste das alles selbst rausfinden und verstehen. Und habt Ihr nicht auch schon mal die Erfahrung gemacht, wie verdammt schwer das Naheliegende zu erkennen ist, wenn es niemanden gibt, der einen freundlich darauf hinweist, dass man die Scheuklappen absetzen und mit einem frischen Blickwinkel auf die Welt schauen könnte?«

Meine Söhne waren nachsichtig mit mir und stimmten mir zu. Dann begannen sie, mich über meine Storytelling-Entdeckungsreise auszufragen. Also erzählte ich: »Ich bastelte also an meiner Karriere, hatte ein paar mittelgroße Kunden. Und plötzlich bog unverhofft der Weltkonzern Bertelsmann um die Ecke! Die kamen damals auf mich zu und sagten: ›Herr Christiani, wir haben von Ihnen gelesen. Sie sind einer der ganz wenigen Trainer, die in Deutschland NLP[3] beherrschen. Sie wurden doch sogar von den NLP-Begründern Richard Bandler und John Grinder ausgebildet, nicht wahr? Sie kennen also die Sprachmuster des Überzeugens. »Ich hätte mir damals nie träumen lassen, dass dies der Anfang einer langen Reise ins Reich der Stories sein würde!«

Was genau hatte Bertelsmann mit mir im Sinn? Nun, im deutschsprachigen Raum waren 1100 Verkäufer im Auftrag von Bertelsmann unterwegs, um die berühmte Bertelsmann-Lexikothek zu vertreiben. Alle Verkäufer hatten einen von Werbefachleuten erarbeiteten Leitfaden in der Tasche. Natürlich hatte der Bertelsmann-Verkaufsleiter gehofft, dass alle seine Verkäufer ordentliche Verkaufserfolge vorweisen würden, solange sie sich nur an den Leitfaden halten. Doch die Realität sah anders aus: Trotz der Leitfäden gab es Verkäufer, die fast nichts verkauften, und es gab andere Verkäufer, die exorbitant hohe Verkaufszahlen vorweisen konnten. Also richtete der Verkaufsleiter folgendes Anliegen anmich: »Herr Christiani,

[2] NLP, kurz für Neuro-Linguistisches Programmieren, ist eine enorm wirkungsvolle Kommunikationstechnik, die tief in die Psyche des Menschen eingreift und Vorgänge im Gehirn »umprogrammiert«.

wir wissen nicht genau, wie unsere allerbesten Verkäufer ihre Verkaufszahlen hinkriegen. Doch vielleicht können wir ja irgendwie nachweisen, dass die besten Verkäufer genau so handeln, wie es in unserem Leitfaden steht! Das wäre natürlich wunderbar, denn dann könnten wir die schlechten Verkäufer noch besser gemäß unserem Leitfaden schulen, und am Ende wären alle Verkaufszahlen zufriedenstellend. Können Sie sich das nicht mal im Detail anschauen?«

Gefragt, getan: Um den ominösen Verkaufsschwankungen auf den Grund zu gehen, tat ich mich mit den fünf Top-Verkäufern zusammen. Junge Leute, die drei bis fünf Mal bessere Verkaufszahlen hatten als der Durchschnitt. Tja, und was musste ich feststellen, als ich deren Verkaufsgebaren unter die Lupe nahm? Richtig, die hielten sich einen Dreck an den Leitfaden! Vielmehr zogen sie weitgehend ihre ganz eigene Verkaufsmasche durch – sie fingen nämlich an, am Ende der Bedarfsanalyse dem Kunden eine Geschichte zu erzählen und ihn in einen individuellen Lösungsfilm hineinzuschießen.

An die entscheidende Schlüsselszene – als ich dies zum ersten Mal beobachtete – erinnere ich mich noch, als hätte sie gestern stattgefunden: Da saß also einer dieser Top-Verkäufer am Wohnzimmertisch einer Familie mit kleinen Kindern und fragte die Eltern: »Sind Ihre Kinder auch so wissbegierig wie meine?«. Die Eltern nickten: »Ja, wenn wir in den Urlaub fahren, wollen sie schon am Flughafen alles wissen. Mama, wo fahren unsere Koffer hin? Papa, wo sitzt der Pilot? Und wohin genau fließt das Benzin?«. Auf diese Steilvorlage hatte der Verkäufer offenbar gewartet! Geschickt nahm er den Faden auf, indem er sagte: »Wissen Sie, Herr Müller, in Zukunft können Sie in solchen Situationen ganz entspannt zu Ihren Kindern sagen: ›Man muss im Leben nicht alles wissen. Man muss nur wissen, wo alles steht.‹ Und dann schlagen Sie einfach Ihre Bertelsmann-Lexikothek auf, schlagen dort unter ›Flugzeuge‹ nach und schon können Ihre Kinder auf unseren tollen Transparentfolien alles Wissen rund um Flugzeuge aufsaugen.« Während er dies sagte, schlug er die besagte Seite in der Lexikothek auf. Und siehe da, auf der ersten

Transparentfolie entdeckten die Kids sofort freudig, dass sich die Benzintanks eines Flugzeugs unter den Flügeln befinden! Dann die nächste Folie: »Und hier kommt das Gepäck rein, seht Ihr das?« Und schon kam die nächste Folie: »Seht Ihr, Kinder, hier sitzen die Passagiere. Und da vorne sitzen der Pilot und sein Co-Pilot. Na, habt Ihr noch Fragen?«

Als ich diesem Verkäufer gebannt zusah, habe ich plötzlich kapiert: Hey, dieser Typ »beamt« seine Zuhörer direkt in einen spannenden Film, in dem sie den Nutzen des Produktes für sich selbst erleben! Das ist sein Erfolgsgeheimnis: Er verkauft keine Produkte, sondern deren individuellen Nutzen in Storyform!

Jahre später habe ich das berühmte Buch ›Influence – Die Psychologie des Überzeugens‹ von Prof. Robert Cialdini gelesen. Darin hat er empirisch nachgewiesen, was dem von mir beobachteten Top-Verkäufer intuitiv völlig klar war: Das Wichtigste bei einem Verkaufsgespräch ist, dass der Kunde in einen spannenden inneren Film geschossen wird, den er gerne weitersehen möchte. Prof. Cialdinis sozialwissenschaftliche Untersuchungen belegen, dass sich die Abschlussquote von Verträgen in diesen Fällen um 47 Prozent verbessert. 47 Prozent! Da war mir endgültig klar: »Volltreffer! Ein guter Verkäufer muss eigentlich ein guter Drehbuchschreiber sein! Er muss eine überzeugende, emotional bewegende Story erzählen, um seine Kunden auf emotionaler Ebene zu einer Kaufentscheidung zu bewegen!«.

Vielleicht hast Du das ja auch schon einmal erlebt? Die besten Verkäufer zeigen Dir in Wort und Tat, wie aufregend gut es sich anfühlt, wenn Du das von ihnen angepriesene Produkt erwirbst.

Storytelling funktioniert immer und überall

Zunächst vermutete ich jedoch, dass Storytelling nur bei Endkunden funktioniert, das heißt bei Menschen aus Fleisch und Blut, die sich von ihren Emotionen leiten lassen. Aber im B2B-Geschäft? In harten Bieterverfahren, wo es meist allein um den Preis geht? Wo um jede Kleinigkeit gefeilscht wird? Ich war mir sicher, dass die Uhren unter geschulten Einkäufern anders ticken und diese entsprechend völlig immun gegenüber Storytelling seien. In diesem Glauben bin ich dann fast zehn Jahre lang durch die Republik gefahren und habe verkündet: »Freunde, ich hab's kapiert! Stories funktionieren im Verkauf an den Endkunden!«. Tja, und das mag zwar einigen meiner Zuhörer wertvolle Erkenntnisse eingebracht haben, doch ich habe durch diese vorschnell-arrogante Grundhaltung zehn wertvolle Jahre meines Lebens in einem Irrglauben vergeudet. Rückblickend stelle ich mir vor, dass der Herrgott damals von seiner Wolke auf mich hinabgesehen hat, sich vor Lachen fast nicht mehr einkriegte und rief: »Wie einfältig ist dieser Alexander Christiani eigentlich? Da habe ich ihn als einen der Ersten in Deutschland NLP studieren lassen; dann habe ich ihm auch noch den einsichtsreichen Deal bei Bertelsmann verschafft; und dann hat er Bertelsmann sogar dazu verholfen, deren Verkaufsumsätze um sage und schreibe 25 Prozent zu steigern. Und trotz all dieser Erfahrungen läuft diese Pappnase da unten rum und hat immer noch nicht das komplette Potenzial von Stories gerafft!«

Was soll ich sagen? Mit dem Herrgott argumentiert man nicht – offenbar brauchte ich noch ein paar Umwege bis zum finalen Klarblick. Da fügte es sich wunderbar, dass im Jahr 2002 die Allianz auf mich zukam: »Herr Christiani, wir haben von Ihren Umsatzerfolgen bei Bertelsmann gehört. Wissen Sie, bei uns gibt es den Top-100-Club, da sind von unseren insgesamt 11.000 Agenturen die 100 erfolgreichsten versammelt. Die allerbesten Agenturen im Club machen fünf, sechs oder sogar sieben Millionen Euro Provision pro Jahr, die schlechteren Clubmitglieder liegen bei etwa zwei Millionen Euro. Wir fragen uns, ob Sie nicht eine Kontrastanalyse für uns erstellen können, damit wir die Ursache für die enorm starken Provisionsschwankungen besser verstehen?«

Gefragt, getan. Als ich mit den durchschnittlichen Allianz-Verkäufern mitfuhr, habe ich bald kapiert, dass diese stets nach einem bestimmten

Muster auf ihre Kunden zugehen: »Wenn ich Sie richtig verstanden habe, dann brauchen Sie dies und jenes. Wenn ich das zusammenfasse, ist mir klar, dass Sie sich für A, B und C interessieren.« Wenn der Kunde im besten Fall diese Überlegung bestätigte, sagte der Verkäufer: »Prima! Da hat die Allianz für Sie ein überragendes Angebot!«, gefolgt von einem Herunterbeten des ach so großartigen Angebots. Als Beobachter konnte ich deutlich wahrnehmen, wie die meisten Kunden dabei zunehmend in die Defensive gingen, zum Beispiel indem sie ihre Arme verschränkten. Frei nach dem Motto: »Aha, jetzt kommt also der große Verkäufer raus. Da muss ich vorsichtig sein. Zwar erzählt er mir, wie super dieses Angebot von der Allianz ist, doch bestimmt sagt er mir nicht die ganze Wahrheit!«

Als Nächstes bin ich mit einem der Super-Verkäufer losgezogen. Einer von diesen Typen mit fünf Millionen Euro Jahreseinkommen. Ich war natürlich extrem gespannt, wie sich sein Vorgehen von dem seiner Durchschnittskollegen unterscheiden würde! Zunächst machte er alles wie sein Kollege, sprich er hörte sich geduldig an, was der Kunde brauchte, fasste alles zusammen und sagte: »Sie interessieren sich also für A, B und C.« Doch wenn der Kunde dann zustimmte, wandte er eine komplett andere Strategie an. Kein Runterbeten von Allianz-Großartigkeiten, kein Verkäufergehabe, nichts! Stattdessen sagte er in freundschaftlichem Tonfall: »Okay, das ist wirklich interessant. Wissen Sie, ich war vor ein paar Wochen bei einem ähnlichen Unternehmer aus Ihrer Branche. Der war wie Sie um die 40 Jahre alt, verheiratet, mit zwei Kindern. Dieser Kunde von mir hat sich nach reiflicher Überlegung für das Paket XY entschieden. Erst hat er die Versicherungen für sich abgeschlossen, dann hat er seine Frau so und so abgesichert, und am Ende hat er für seine Kinder eine breit gefächerte Ausbildungsversicherung oben drauf gepackt. Dann hat er noch seine Mitarbeiter, die ihm sehr am Herzen lagen, durch das Paket YZ abgesichert …«

Der Kunde hörte den plausiblen Erklärungen des Verkäufers aufmerksam zu. Durch das konkrete Beispiel eines anderen Menschen in einer vergleichbaren Situation fühlte er sich offenbar in seiner Hoffnung bestärkt, dass es tatsächlich eine einfache Lösung für all seine Versicherungsprobleme geben könnte.

Als der Allianz-Profi mit seinem Beispiel fertig war, machte er eine Pause und schaute den Kunden in aller Seelenruhe an – ich kriege noch heute eine Gänsehaut, wenn ich daran denke! Irgendwann sagte der Kunde: »Mmmh, das klingt wirklich sehr interessant. Aber wissen Sie, ich habe 21 Mitarbeiter. Würde das Gesamtkonzept denn auch in meinem Fall funktionieren?«

Wow, merkst Du was! Durch seine beispielhafte »Fallstudie« war es dem Verkäufer tatsächlich gelungen, der ungeliebten Verkäuferrolle zu entschlüpfen und stattdessen vom Kunden als vertrauenswürdiger Berater wahrgenommen zu werden. In dieser Rolle stand er plötzlich auf der Seite des Kunden – wie ein guter Bekannter, der sich mit der Materie auskennt, hatte er von der bewährten Lösung eines anderen Kunden berichtet. Du ahnst schon, wie das Gespräch endete, oder? Genau, der Kunde stellte noch ein paar weitere Fragen, auf die der Verkäufer stets sachlich-zugewandt einging; am Ende hatte der Kunde das Gefühl, sich eine perfekt auf ihn zugeschnittene Versicherungslösung selbst erarbeitet zu haben, die er dann selbstverständlich auch kaufte. Boom!

Ich war von der Herangehensweise dieses Verkäufers – heute nenne ich die von ihm verwandte Technik tatsächlich Fallstudie – enorm fasziniert. Schlagartig wurde mir klar, dass Stories nicht nur im B2C-Bereich funktionieren. In Form von Fallstudien funktionieren Stories genauso gut bei B2B-Kunden! Selbst ein Atomkraftwerk lässt sich mittels einer Fallstudie (»Exakt so haben wir dieses Atomkraftwerk im Nachbarland gebaut.«) einfacher verkaufen als mit irgendwelchen theoretischen Abhandlungen über die Effizienz der Reaktoren. Und warum? Ganz einfach, weil im Kopf des Kunden ein Film abläuft, der ihm die Entscheidungsfindung drastisch erleichtert.

Okay, damit war ich einen wichtigen Schritt weiter gekommen. Doch der Herrgott amüsierte sich immer noch königlich über mich. »Dieser Christiani ist wirklich ein harter Brocken. Da zeige ich ihm, wie einige der besten Verkäufer es machen, und da checkt er das sogar für B2B und B2C. Aber das große Ganze hat er immer noch nicht kapiert!« Weitere 10 Jahre lang trug ich also noch ein Brett voller Zweifel vor meinem Kopf. Welche Zweifel? Einer davon war: Stories dauern relativ lange, und gerade im Marketing sollte man doch schnell auf den Punkt kommen, oder nicht? Außerdem glaubte ich viel zu lange, dass Stories nur in außergewöhnlichen Branchen wirken – dass sie nur zünden, wenn Du höchst bemerkenswerte Vorteile präsentieren kannst. Aber was, wenn Du Versicherungsmakler bist, also jemand, der genau dieselben Garantien und Konditionen anbietet wie all Deine Kollegen auch? Anders gesagt: Welche Story kannst Du erzählen, wenn Du kein Alleinstellungsmerkmal hast? In diesem Punkt wurden mir im Jahr 2012 endlich die Augen geöffnet ...

Ein magisches Video sorgt für den Durchbruch

2012 kam unverhofft Bodo Schäfer, ein bekannter Money-Coach, auf mich zu. In meinen Anfängen als Trainer hatte ich ihm bei seiner Positionierung als Europas Money-Coach geholfen. Nun hatte er ein weiteres Anliegen an mich: »Herr Christiani, ich möchte nicht mehr nur Geldseminare geben, sondern meinen Kunden auch erzählen, wie hilfreich eine klare Positionierung für Unternehmer ist. Da ich das Meiste über Positionierung von Ihnen gelernt habe, wäre es mir eine Ehre, wenn wir dieses Seminar zusammen gestalten könnten und Sie, mein ehemaliger Mentor, als Co-Referent auftreten würden. Wäre das nicht eine tolle Geschichte?«

Wie könnte ich da Nein sagen? Also legten wir los. Nach einem unserer gemeinsamen Drei-Tages-Seminare kam ein Versicherungsmakler zu mir. Er wollte mithilfe einer Positionierung – der Begriff ›Storytelling‹ existierte damals noch gar nicht – neue Kunden über seine Webseite gewinnen und bat mich um meine Mithilfe bei der Erstellung eines aussagekräftigen

Videos. Gemeinsam überlegten wir uns ein Konzept für das Video. Weil ich den Text für den Clip geschrieben habe, kann ich mich noch bestens daran erinnern. Der in seinem Büro sitzende Makler sagte sinngemäß:

> *»Herzlich willkommen!*
>
> *Ich sitze hier in meinem Büro, und hinter mir an der Wand sehen Sie über 300 Leitz-Ordner – 352, um genau zu sein. Das sind sämtliche Versicherungsunterlagen meiner 352 Kunden. Und wissen Sie, wie mein Verständnis von gutem Service aussieht?*
>
> *Falls Ihr Sohn mal versehentlich beim Nachbarn mit seinem Fußball eine Scheibe einschießen sollte, brauchen Sie nichts anderes zu tun, als bei mir anzurufen. Ich greife mir dann Ihren Ordner, sehe schwarz auf weiß, welchen Versicherungsschutz Sie haben, kontaktiere den zuständigen Versicherer und reguliere den Schaden für Sie. Weil ich das schon seit mehr als 20 Jahren für inzwischen über 300 Kunden mache, habe ich natürlich einen sehr guten Draht zu den allermeisten Ansprechpartnern aufgebaut. Ich schildere denen in aller Regel unbürokratisch in ein paar Telefonaten den Schadensfall, und Sie beziehungsweise der Geschädigte haben dann typischerweise in 10 bis 15 Arbeitstagen das Geld auf dem Konto. Es kommt also nicht zu wochen- oder sogar monatelangen Streitereien.*
>
> *Sollte das auch Ihr Verständnis von gutem Service sein, würde ich mich riesig freuen, in naher Zukunft hier unten rechts den 353. Ordner aufzustellen – mit Ihren Versicherungsunterlagen drin.«*

Das ist jetzt etwas mehr als rund 10 Jahre her, doch ich bin jedes Mal aufs Neue fasziniert, wenn ich an diese Geschichte zurückdenke.

Vor dem Upload des Videos hatte dieser Versicherungsmakler rund 1.000 Besucher pro Monat auf seiner Webseite. Daran änderte sich zunächst nichts. Der gewaltige Unterschied war aber: Vor seinem Unternehmervideo bekam er drei bis fünf konkrete Auftragsanfragen pro Monat – danach waren es plötzlich 15 bis 20. Und das Allerbeste daran war, dass die Zahl der letztlich erteilten Aufträge noch stärker in die Höhe schnellte als die Auftragsanfragen selbst! Vorher hatte der Makler etwa einen neuen Kunden pro Monat gewonnen, während die restlichen Interessenten wieder absprangen. Kein Wunder, denn wenn ein Unternehmer keine persönliche Bindung zu seinen Kunden herzustellen vermag, entscheiden sich viele Leute schlicht und ergreifend für die günstigsten Konditionen. Doch ab dem Moment, als er diesen kleinen, aber feinen Clip auf seine Homepage stellte, tickten die Uhren anders! Ich habe die euphorischen Worte des Maklers noch deutlich im Ohr: »Herr Christiani, seit ich dieses Video auf meiner Webseite habe, wollen drei von vier Leuten, die den Weg in mein Büro finden, Kunde werden. Die schließen plötzlich alle ab!«

Unter uns: Anfangs habe ich diesen unglaublichen Erfolg nicht nach außen kommuniziert. Ich traute mich nicht, weil ich dachte: »Wenn ich das erzähle, glauben die Leute, ich wolle sie veräppeln.« Klar leuchtete mir ein, dass ein sichtbarer und dabei sympathisch wirkender Unternehmer früher oder später mehr Leute anzieht als ein unsichtbarer. Aber warum um alles in der Welt wollen 75 Prozent Deiner potenziellen Kunden bei Dir vor Ort einen Vertrag unterschreiben, bloß weil sie Dich vorher in einem Video gesehen haben? Das wollte mir lange Zeit einfach nicht in den Kopf. Bis ich eins kapiert habe: Über solch ein Video treffen die Kunden schon eine erste Entscheidung! Sie schauen sich das Video an und stellen dabei intuitiv fest, dass sie den Makler als seriös und vertrauenswürdig empfinden. Hätten Sie hingegen beim Videoschauen das Gefühl, dass dieser Typ irgendwie halbseiden und eher schleimig rüberkommt, würden sie logischerweise nicht länger ihre wertvolle Zeit mit ihm verschwenden und sich stattdessen für einen anderen Anbieter entscheiden.

Wenn ein Kunde einen Unternehmer vor dem Erstkontakt in einem Video sieht und dabei einen positiven Eindruck von dessen Persönlichkeit gewinnt, hat er sich vom Bauch her schon fast entschieden. Der Unternehmer wird tief im Inneren als tauglicher Kandidat für eine Zusammenarbeit abgespeichert. Wenn dieser Kunde nun derart positiv gestimmt in Deinem Büro auftaucht, musst Du »nur« noch aufpassen, es kurz vor dem Ziel nicht noch zu vermasseln. Ziehe im richtigen Moment ein geeignetes Angebot aus der Schublade, den Rest erledigen die guten Vibes zwischen Deinem Kunden und Dir! Naja, ganz so leicht ist es natürlich auch nicht (immer), aber die Grundidee ist rübergekommen, oder?

Sind das nicht wunderbare Aussichten? Und das Großartigste ist, dass ich Dir in diesem Buch eine exakte Formel zeigen werde, wie Du solche Erfolgsvideos erstellen kannst! Bei meinem Beispiel-Makler ist die Story gerade mal eine Minute und sechs Sekunden lang. Das kannst Du auch – notfalls mit meiner Unterstützung! Wenn Du also auch so eine konkrete Positionierungs-Story für Dein Unternehmen suchst, buche gerne ein kostenloses und unverbindliches Erstgespräch mit einem unserer Story-Coaches, in dem wir gemeinsam herausfinden, was Deine nächsten Schritte sind, um Deinen Marketing-Durchbruch zu erreichen: **www.story-magic.de/beratung**

Nicht nur für Diamantenhändler oder Weltretter

Die Story mit den 352 Leitz-Ordnern im Hintergrund hat mir die Augen geöffnet. Ein dicker Schleier, der mir lange den freien Blick auf die unglaubliche Macht des Storytellings verbaut hatte, war urplötzlich von meinen Augen abgefallen. Ich verstand glasklar, dass Stories nicht nur etwas für ganz besondere Unternehmen sind, sondern dass Storytelling jedem und jeder von uns wertvolle Dienste erweisen kann! Bis dahin hatte ich geglaubt, man müsse so etwas wie der Diamantenhändler der Queen oder der Erfinder einer revolutionären Energiegewinnungstechnologie sein, um eine packende Story von sich und seinen Produkten erzählen zu können. Klar haben solche Leute was zu erzählen, und klar berichten Journalisten lieber über Weltrevolutionen als über Leitz-Ordner. Aber zu denken, dass irgendetwas Spezielles notwendig sei, um mit Storytelling Erfolg zu haben, ist blanker Unfug. Du brauchst noch nicht einmal ein anderes Angebot als Deine Konkurrenz! Der springende Punkt – der entscheidende Unterschied zwischen Storytelling und Nicht-Storytelling – ist, dass Du nicht mehr lediglich behauptest, dass Du (zum Beispiel) exzellenten Service bietest, sondern dass Du Deinen Kunden diese Aussage auf nahbare und nachvollziehbare Weise demonstrierst. So bringst Du Deine Kunden gefühlsmäßig auf Deine Seite, und sie werden es Dir mit ihrer jahrelangen Loyalität doppelt und dreifach zurückzahlen.

Das klingt so einfach, nicht wahr? Das Verblüffende ist jedoch, dass fast 90 Prozent aller Firmen nach wie vor bei der althergebrachten Marketing-Sprache à la ›Wir haben langjährige Erfahrung, wir haben hochwertige Produkte, bla bla bla‹ bleiben! Mach Dir gerne mal den Spaß und sieh Dir die Webseiten einschlägiger Unternehmen an: Überall wirst Du diese leeren Worthülsen finden. Das merkt natürlich auch der potenzielle Kunde: »Gähn, langweilig. Das erzählen mir alle anderen auch.« Das Erfolgsrezept des Versicherungsmaklers von vorhin bestand darin, dass er seine Kompetenz nicht einfach nur unbegründet behauptet hat, sondern sie für den Kunden intuitiv nachvollziehbar gemacht hat. Und zwar auf den ersten Blick, beziehungsweise nach gerade mal einer Minute und sechs Sekunden!

Wenn Du Dir folgende Erkenntnis, deren Verständnis mich 22 Jahre meines Lebens gekostet hat, gut einprägst, bin ich guter Dinge, dass Du wesentlich schneller als ich am Ziel Deiner Story-Träume angekommen sein wirst:

Storytelling bedeutet nicht, dass Du Deinen Nutzen einfach nur behauptest. Storytelling bedeutet, dass Du Deinen Nutzenvorsprung für den Kunden innerhalb einer leicht nachvollziehbaren und emotional ansprechenden Geschichte aufzeigst.

Stories sind die Eintrittskarte in den Kopf Deiner Kunden. In ihren Köpfen muss ein innerer Film entstehen, in dem sie ihren unmittelbaren Nutzen einer Zusammenarbeit mit Dir intuitiv begreifen können. Nur dann werden sie emotional von Deiner Botschaft berührt und erleben Dein Angebot als glaubwürdig. Ist das nicht genial einfach?

Doch das, liebe Leserin, lieber Leser, war erst der Einstieg! In den folgenden Kapiteln wirst Du lernen, wie Du die Highlights Deines Unternehmens aufspüren und aus diesen Gold-Nuggets eine prägnante Gold-Story schmieden kannst. Mit jeder Seite, die Du liest, wirst du klarer sehen!

Los geht's mit drei erstaunlichen Marketing-Geheimnissen. Bist Du bereit?

KAPITEL 2: DREI MARKETING-GEHEIMNISSE, DIE DIR GARANTIERT NOCH NIEMAND VERRATEN HAT

»Menschen kaufen keine Waren und Dienstleistungen, sie kaufen Beziehungen, Geschichten und Magie.« (Seth Godin)

Falls Du noch immer glaubst, gute Stories müssten länger als zwei Minuten sein, werde ich Dich nun vom Gegenteil überzeugen. Beginnen wir mit einem Blick in den guten alten Duden. Dort steht: »Stories sind mündliche oder schriftliche, in einen logischen Handlungsablauf gebrachte Schilderungen eines tatsächlichen oder erdachten Geschehens.« Siehst Du da irgendwas von einer minimalen Wortzahl? Mitnichten! Im Gegenteil kann eine brillante Story mit weniger als 10 Worten auskommen und durch ihre Kürze sogar doppelt punkten, wie das folgende Beispiel von Steve Jobs eindrucksvoll beweist:

THE STORY OF A STORY

14 Monate, bevor Apple den iPod präsentierte, brachte ein anderer Hersteller einen MP3-Player mit Festplatte auf den Markt und bewarb diese Innovation mit folgender Beschreibung: MP3-Player mit 6 Gigabyte auf der Festplatte. Nach herkömmlichen Maßstäben hat der Hersteller alles richtig gemacht und den entscheidenden Produktvorteil mit harten Fakten belegt. Doch dann kam Steve Jobs und sagte: »Here it is: 1000 songs in your pocket! And we call it iPod!«

1.000 Lieblingslieder immer griffbereit in Deiner Hosentasche! Was für eine mega Story, die da im Kopf des Kunden ausgelöst wird! Die vermutlich erfolgreichste Produktnutzen-Geschichte der Welt – genial einfach, einfach genial!

Seien wir ehrlich: Solch eine perfekte Story erfindet man vermutlich nur einmal im Leben, wenn überhaupt. Doch die tolle Nachricht ist, dass Du Dir jederzeit das Grundprinzip zunutze machen kannst, das letztlich auch Steve Jobs zu seinem genialen iPod-Slogan führte! Und ich werde Dir genau zeigen, wie das geht. Dazu müssen wir aber zuerst mit ein paar falschen Annahmen im althergebrachten Marketing aufräumen …

Erkenntnis #1: Die Kommunikationsstrategie ›Hochwertige Qualität, exzellenter Service und langjährige Erfahrung‹ funktioniert nicht

Möglicherweise stellst auch Du Dir die Frage, warum Dir und Deinem Unternehmen bislang noch nicht der große Durchbruch geglückt ist. Lass mich Dir gleich vorweg sagen: Mit großer Wahrscheinlichkeit war das nicht Dein Fehler, sondern der Fehler der Agentur, die Du für Dein Marketing beauftragt hast.

Als Unternehmer denkst Du immer so etwas wie: »Ich bin Experte.«

»Ich bin ein super Zahnarzt.« »Ich bin ein super Steuerberater.« »Ich bin ein super Trainer.« »Ich bin ein super Führungscoach.« »Ich habe ein super Kosmetikstudio.« Und das völlig zu Recht, schließlich sind Deine Stammkunden total zufrieden mit Deinen Diensten. Trotzdem führt die von Dir geschaltete Werbung nicht deutlich mehr Interessenten zu Dir. Warum? Hier kommt die erste, ganz wichtige Erkenntnis, die Dir keine Marketing-Agentur verrät: Das Problem ist die Kommunikationsstrategie, die über 90 Prozent aller Unternehmen mit hochwertigen Produkten hinlegen! Die leiern nämlich auf ihren Webseiten immer dieselbe lahme Nummer herunter: »Wir haben Top-Qualität, wir haben einen exzellenten Service und wir haben langjährige Erfahrung.« Dazu habe ich Dir drei abschreckende Beispiele mitgebracht.

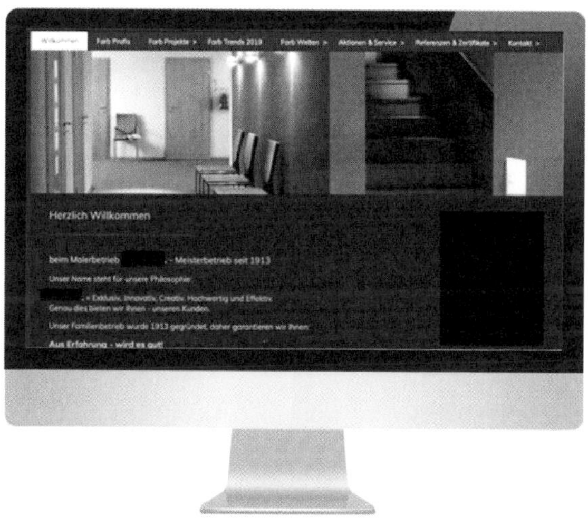

Abbildung 1: Die gähnend langweilige Webseite eines Malerbetriebs, inklusive eines gähnend leeren Zimmers. Wer fühlt sich da angesprochen?

Im ersten Beispiel (Abbildung 1) siehst Du die Webseite eines Malerbetriebs, der behauptet:

»Unser Name steht für unsere Philosophie. Exklusiv, innovativ, kreativ, hochwertig und effektiv. Und genau das bieten wir unseren Kunden mit unserem 1913 gegründeten Familienbetrieb. Wir garantieren Ihnen, aus Erfahrung wird es gut.«

Mal ganz ehrlich: Spricht Dich das an? Mal ganz abgesehen von diesem langweiligen, menschenleeren Bild.

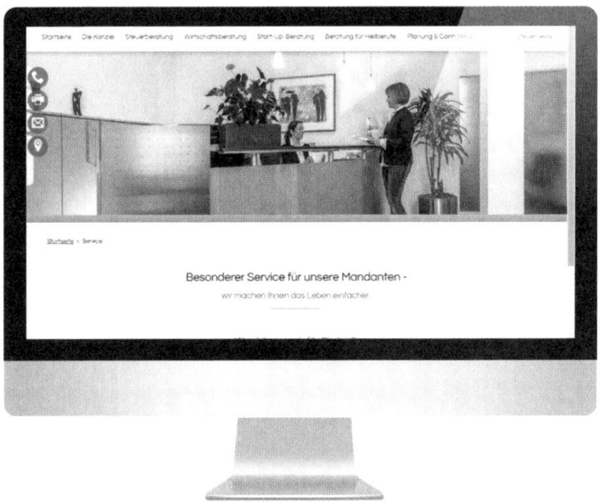

Abbildung 2: Auch diese Webseite einer Steuerberatungskanzlei haut mögliche Neukunden ganz sicher nicht vom Hocker.

Das zweite Beispiel (Abbildung 2) handelt von einer Steuerberatung. (Wer dahinter steckt, tut nichts zur Sache – schließlich will ich mich hier nicht über irgendwen lustig machen, sondern die Wirkungsweise von Webseiten erläutern.) Also, was bekommt der Kunde hier zu lesen?

»Besonderer Service für unsere Mandanten. Wir machen Ihnen das Leben einfacher.«

Puh, da schlafen mir glatt die Füße ein! Wenn ich als Unternehmer meinen Kunden das Leben nicht einfacher mache, welche Existenzberechtigung hat mein Unternehmen dann überhaupt? Denkst Du wirklich, dass die Leute diesem Büro die Bude einrennen?

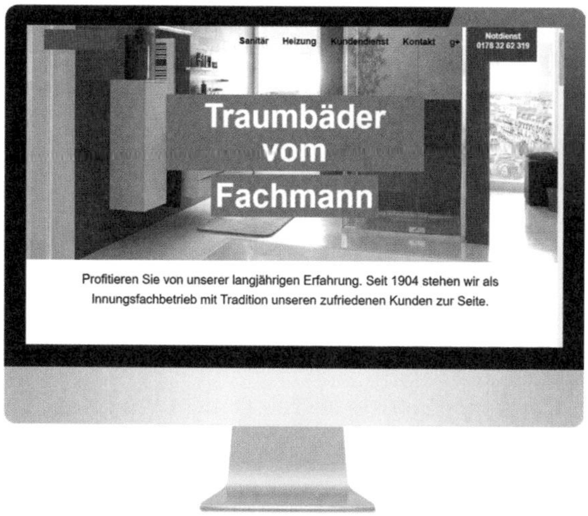

Abbildung 3: Diese Webseite eines Sanitärbetriebs wirkt in etwa so anregend wie ein Spülschwamm, findest Du nicht auch?

Okay, ein letztes abschreckendes Beispiel noch. Mit der in Abbildung 3 gezeigten Webseite macht ein Sanitärbetrieb seinen Kunden folgende leere Versprechungen:

> *»Traumbäder vom Fachmann. Profitieren Sie von unserer langjährigen Erfahrung. Seit 1904 stehen wir als Innungsfachbetrieb mit Tradition unseren zufriedenen Kunden zur Seite.«*

Muss ich das überhaupt noch kommentieren? Ganz ehrlich: Genau solche Webseiten liefern Marketing-Agenturen tagtäglich bei Dir und mir ab, und wir bezahlen auch noch horrende Summen dafür! Dass diese vermeintlich tollen Argumente beim Kunden überhaupt nicht ziehen, lässt sich objektiv ganz einfach belegen – dank Google Analytics und der dort berechneten Conversion Rates. Falls Du im Online-Marketing noch nicht so bewandert bist: Conversion Rates, oder auf Deutsch Umwandlungsraten, sagen Dir beispielsweise, wie viele von 100 Besuchern einer Webseite dort ihre Adresse hinterlassen und dadurch zu Interessenten werden, die das Unternehmen in Zukunft direkt ansprechen kann. Setzen sich beispielsweise 10 von 100 Besuchern mit dem Unternehmen in Verbindung, dann spricht man von einer Conversion Rate 1 (Interessenten) von 10%. Google berechnet diese Werte für Millionen von Webseiten, aggregiert die Ergebnisse und veröffentlicht jedes Jahr eine interessante Studie darüber. Und nun rate mal, wie hoch die durchschnittliche Conversion Rate – also die durchschnittliche Rückmeldungsquote auf Millionen von Webseiten – im Schnitt ist? Gut, machen wir es nicht übermäßig spannend: Sie liegt laut Google bei etwa einem Prozent.

Was bedeutet das im Umkehrschluss? Genau: Eine Nicht-Umwandlungsrate von 99 Prozent! 99 von 100 Betrachtern einer Webseite klicken einfach weiter, Ende der Durchsage. Das musst Du Dir mal auf der Zunge zergehen lassen! Angenommen, Du und ich, wir hätten eine Pizzeria und mittags kämen zu uns hundert Leute mit mächtig Kohldampf. Die Leute würden alle einen Blick auf unsere Speisekarte werfen und dann ohne jeglichen Kommentar hungrig wieder rausgehen – bis auf einen einzigen Gast, der einsam an einem Vierertisch im Foyer sitzt und an einer Pizza Hawaii knabbert. Und was wäre unsere Konsequenz aus dieser erschreckenden Beobachtung? Würdest Du zu mir sagen: »Naja, was soll's. Beim Chinesen gegenüber sieht es doch auch nicht anders aus.«? Entschuldigung, aber das kann ja wohl nicht die Lösung sein!

Vielmehr scheint doch an unserer Speisekarte – gewissermaßen dem Aushängeschild unseres Lokals – irgendetwas nicht zu stimmen. Ich meine – wer googelt denn im November das Stichwort ›Winterreifen kaufen‹? Genau, das sind Leute, die Winterreifen haben wollen und keine

Einbauküche! Und von diesen 100 Leuten, die sich dringlich für Winterreifen interessieren, lösen sich 99 einfach in Luft auf? Ohne zumindest beim Reifenhändler nach dem Preis zu fragen? Ich denke, wir sind uns einig: So kann es nicht weitergehen, ob nun in unserer Pizzeria, beim Winterreifenhändler oder sonst irgendwo. Unser Minimalziel muss sein, dass nur 90 Leute wieder gehen und sich zehn Leute ernsthaft auf Dein Angebot einlassen!

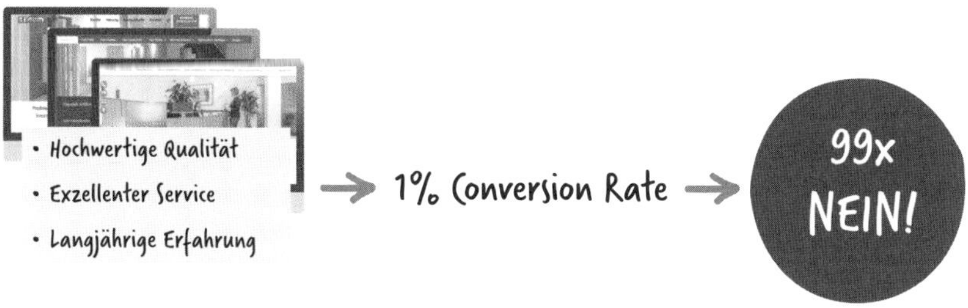

Abbildung 4: Bei einer Conversion Rate von einem Prozent sagen 99 Besucher Deiner Webseite Nein. Und das war's dann.

Zu dumm nur, dass die gesamte Agentur-Branche nicht, beziehungsweise nur sehr, sehr ungern über die horrend schlechten Conversion Rates der von ihnen gestalteten Webseiten spricht. Vielmehr tun die Leute da einfach so, als wäre es normal, dass von 100 Interessenten auf Deiner Webseite am Ende nur einer wirklich bei Dir anruft. Aber keine Sorge, in diesem Buch wirst Du lernen, wie Du die Conversion Rate Deiner Webseite nach oben schrauben kannst, und das sogar weit über unser Minimalziel von 10 Prozent hinaus. Später werde ich Dir zum Beispiel detailliert erläutern, wie einer meiner erfolgreichsten Story-Kunden, der Starnberger Verkaufstrainer André Schneider, es schafft, dass sich bei seinen offenen Online-Seminaren von 100 Interessenten 44 Leute tatsächlich auch anmelden – also eine Conversion Rate von fast 50 Prozent. Und dazu braucht er noch nicht einmal ein besonders großes Marketing-Budget, Facebook und Co. sei Dank. Ist das nicht ein frappierender Unterschied?

Wenn bisher auf Deiner Webseite steht, dass Du seit vielen Jahren Top-Qualität und exzellenten Service bietest, dann bist Du einer von denjenigen, deren Erfolgsquote bei 1 zu 99 steht. Doch wie heißt es so schön? Genau, Selbsterkenntnis ist der erste Schritt zur Besserung. Sobald Du die Standard-Behauptungen im Marketing als Mumpitz durchschaut hast, bist Du am Drücker! Dann wirst Du Dir fast zwangsläufig folgende Fragen stellen:

- Wie kann ich meine Stärken in Form einer Story zum Ausdruck bringen?
- Wie kann ich mein Angebot mithilfe von Stories konkretisieren?
- Wie kann ich im Kopf meiner Kunden Filme auslösen, die glaubhaft rüberkommen – eben weil es wahre und authentische Filme sind?

In den folgenden Kapiteln wirst Du passende Antworten auf genau diese Fragen finden.

So viel zur ersten wichtigen Erkenntnis in Bezug auf herkömmliches Marketing. Zusammengefasst lautet die zentrale Message:

Die althergebrachte Kommunikationsstrategie ›Wir haben die beste Qualität, langjährige Erfahrung und exzellenten Service‹ funktioniert nicht.

Erkenntnis #2: Die Agentur-Meinung ›Deine Webseite braucht regelmäßig ein frisches Design‹ ist Bullshit

Hier ist ein weiterer zentraler Hinweis für Dich: Sei verdammt vorsichtig, wenn Deine Agentur behauptet, dass Deine Webpräsenz regelmäßig ein Update in Form eines neuen, frischen Designs benötigt. Warum? Denke bitte nochmal an den Malerbetrieb, dessen Webseite ich Dir in

Abbildung1 vorgestellt habe. Ich gehe jede Wette ein, dass dieser Betrieb etwa seit dem Jahr 2000 eine Webseite hat, und dass diese ach so originellen Textbausteine ›exklusiv‹, ›innovativ‹ und ›Wir sind seit 1913 im Geschäft‹ seither unverändert dort stehen! Höchstwahrscheinlich hat die Agentur, die damals die Webseite konzipiert hat, dem armen Malermeister zehn Mille für's Onlinegehen abgenommen, und für die dazu gehörige Imagebroschüre nochmal 20.000 Euro. Und dann haben sie ihm 2005 erklärt: »Wir müssen Deine Webpräsenz aufhübschen, damit Du den aktuellen Kundenkreis ansprichst. Wir haben dafür ein total cooles, topmodernes Design!« Schon wieder sind zehn Mille im Eimer. Und 2010 haben sie ihm dann mit derselben Masche weitere 20 Mille abgenommen, und wenn es ganz dumm gelaufen ist, 2015 nochmals. Ganz ehrlich: Genau von diesem Update-Quatsch leben die meisten Marketing-Agenturen! Und der fleißige Maler hat für das endlose Aufbessern seiner – im Kern wirkungslosen – Webseite irgendwas zwischen 40.000 und 80.000 Euro abgedrückt.

Vielleicht fragst Du Dich, wie ich es mir erlauben kann, solch massive Vorwürfe einfach so in den Raum zu stellen? Ganz einfach: weil sich diese Vorwürfe faktisch belegen lassen. Und wie? Nun, Google misst die Conversion Rate immer über die letzten 20 Jahre hinweg. Und wahrscheinlich kannst Du es Dir schon denken: Trotz des Aufhübschens und trotz aller innovativen Designideen hat sich die durchschnittliche Conversion Rate aller Webseiten in den letzten 20 Jahren nicht verändert. Die steht stumpf bei 1 zu 99. Fakt ist also: Im großartigen World Wide Web begegnet uns Müll, verpackt in neuartig anmutende Mülltüten. Dumm nur, dass Müll auch in neuem Design immer noch Müll ist und keinen sinnvollen Zweck erfüllt. (Außer Du handelst mit Recycling-Produkten.) Kein Mensch will Müll kaufen, und erst recht nicht Müll nach Schema F. Vielmehr suchen alle Menschen nach Angeboten, die sie intuitiv ansprechen und deren Nutzen sie sofort verstehen. Angebote, deren Vorteile Du Dir als Kunde bildlich vorstellen kannst. Sprich: Ein Produkt oder eine Dienstleistung, die sich in Deinem Kopf in einen packenden Story-Film verwandelt hat.

Die zweite wichtige Erkenntnis ist also:

Müll bleibt Müll, da hilft auch kein Facelifting.

Die Botschaft sollte angekommen sein, oder?

Erkenntnis #3: Die Traffic-Hoffnung ›Dein Kommunikations-Müll braucht mehr Reichweite‹ ist vergeblich

Die dritte Erkenntnis handelt von den sogenannten »Traffic-Gurus«, also Experten, die Dir glaubhaft versichern, dass Du einfach nur mehr Leute erreichen musst, um mehr Erfolg zu haben. Ihr Argument geht in etwa so: »Hey, Du hast zwar nur ein Prozent Conversion Rate, aber stelle doch einfach mit unserer Hilfe zehn Mal mehr Kontakte her, dann hast Du zwangläufig auch mehr Neukunden.«

Das klingt im ersten Moment plausibel, und viele von uns lassen sich nur zu gern auf Angebote wie ›Künftig statt 100 über 1.000 Klicks pro Monat‹ ein. Doch für diese Steigerung rufen die Traffic-Guru-Agenturen halt auch bis zu 5.000 Euro monatlich auf. Ehe Du es Dich versehen hast, ist ein Jahr ins Land gezogen – und Dein Kontostand um 60.000 Euro geschrumpft. Dabei hat sich an Deiner Conversion Rate nichts geändert! Immer noch 1 zu 99. Da fragst Du Dich völlig zu Recht: »Wie viel meines Traffic-Investments ist eigentlich im Klo gelandet?«

Lass es mich nochmals ausbuchstabieren: Im obigen Szenario hast Du jeden Monat 4950 Euro für Klicks ausgegeben, die Dir am Ende des Tages null komma nichts einbringen! Das waren Klicks von Menschen, die mit Deinen Diensten überhaupt nichts anfangen können. Nach 12 Monaten hast Du dank dieser Geldvernichtungsmaschine 99 Prozent von 60.000 Euro, also 59.400 Euro, in den Sand gesetzt. Futschikato, völlig nutzlos! Tut Dir das nicht schon beim Lesen weh?

Angesichts dieser drei wichtigen Marketing-Erkenntnisse wirst Du mir vermutlich beipflichten, dass die althergebrachten Botschaften à la ›Meine Produkte sind hochwertig‹, ›Ich habe langjährige Erfahrung‹ oder ›Bei uns steht der Kunde im Mittelpunkt‹ ganz dringend eine glaubwürdige Alternative brauchen. Die von Google berechneten Conversion Rates belegen eindeutig, dass diese öde Allerweltsstrategie nicht funktioniert! Vergiss auch alle weiteren Ideen und Maßnahmen, die herkömmliche Marketing-Agenturen vorschlagen. Müll braucht nicht zehn Mal mehr Reichweite, selbst dann nicht, wenn Dein steinreicher Onkel Dir sein gesamtes Vermögen vererbt haben sollte …

Mit diesen drei Erkenntnissen bist Du bereit für den Durchbruch in Deinem Marketing:

- Die Kommunikationsstrategie ›Hochwertige Qualität, exzellenter Service und langjährige Erfahrung‹ funktioniert nicht (99 Neins bei 100 Klicks!).
- Die Idee ›Deine Webseite braucht ein modernes Design‹ funktioniert nicht (99 Neins bei 100 Klicks!).
- Die Idee ›Dein Kommunikations-Müll braucht die zehnfache Reichweite‹ funktioniert nicht (990 Neins bei 1.000 Klicks!).

Weiterführende Infos zu den drei Marketing-Erkenntnissen erkläre ich Dir nochmals im Detail per Video. Du findest die entsprechenden Links auf **www.story-magic.de/bonus.** Es ist absolut kostenlos, viel Spaß!

KAPITEL 3
STORIES ALS AUSWEG AUS DEM MARKETING-DILEMMA

> *»Deine wichtigste Aufgabe ist es, Deinem Kunden Deine Geschichte zu erzählen, wo immer er sich befindet, und vorzugsweise in dem Moment, in dem er sich für einen Kauf entscheidet.« (Gary Vaynerchuk)*

Bisher habe ich Dir im Wesentlichen vor Augen geführt, dass das, was auf den meisten Webseiten geschieht, Mist ist. Da stellst Du Dir natürlich die berechtigte Frage: »Wie kann ich es denn besser machen? Gibt es vielleicht sogar einen Königsweg?« Die Kurzantwort lautet: »Ja, den gibt es: Storytelling!«. In diesem Kapitel erkläre ich Dir, was es mit Storytelling auf sich hat. Und hey, bereite Dich schon mal innerlich vor: Am Ende dieses ersten Buchteils wird es auch eine konkrete Umsetzungsaufgabe geben, mit deren Hilfe Du direkt in Dein individuelles Storytelling einsteigen kannst!

Das menschliche Gehirn liebt spannende Geschichten

Hast Du schon mal vom archimedischen Punkt im Marketing gehört? Ich möchte Dir dieses wichtige Konzept anhand zweier aussagekräftiger Beispiele erläutern.

Beispiel 1: Erinnerst Du Dich an die Berichte in den Nachrichten, als der letzte Harry-Potter-Band in den Handel kam? Da sah man hunderte Harry-Potter-Fans nachts vor irgendeiner Buchhandlung sitzen, geduldig abwartend, bis am folgenden Morgen um 9 Uhr jemand den Laden aufschließt. Ihr einziges Ziel: zu den ersten glücklichen Menschen in Deutschland (oder weltweit) zu gehören, die die neue Harry-Potter-Geschichte in den Händen halten dürfen.

Beispiel 2: Die gleiche Nummer läuft in einem noch viel größeren Stil ab, wenn Apple ein neues iPhone auf den Markt bringt. Dann versammeln sich junge Leute mit Campingstuhl, Rucksack und Thermoskanne vor allen Apple-Stores dieser Welt. Tagelang warten sie vor den Geschäften, um die stolzen ersten Besitzer des neuen iPhones zu sein.

Wenn man nicht gerade selbst von einem Harry-Potter- oder iPhone-Virus infiziert ist, fragt man sich natürlich: »Sind diese Leute eigentlich bescheuert? Was soll der Quatsch? Statt sich eine kalte Nacht um die Ohren zu schlagen, könnten sie ihr Lieblings-Produkt doch auch ganz entspannt 24 Stunden später kaufen. Ohne Endlosschlange.« Theoretisch mag das stimmen, aber die Praxis sieht eben anders aus. Und warum? Genau diese Frage haben sich auch Forscher gestellt. Und als sie der Sache genauer auf den Grund gingen, entdeckten sie einen extrem spannenden Wirkmechanismus!

Zunächst muss der Kunde selbstverständlich auf das Angebot aufmerksam gemacht werden, frei nach dem Motto: »Hergehört, hier passiert etwas! Ab Montagmorgen wird ein neues iPhone verkauft!« Doch dann setzt im Kopf eines echten Apple-Fans ein Gedankengang ein, der sich einer rein rationalen Erklärung weitestgehend entzieht: »Wenn ich als einer der Ersten dieses neue iPhone in den Händen halte, dann bin ich so cool! Dann kann ich ein Unboxing-Video[4] bei YouTube hochladen, das tausendfach angeklickt wird! Und noch meine Enkel werden stolz darauf sein, dass sie so einen coolen Opa hatten!«

Das abschließende Ergebnis der Forscher lautete: Ein Kunde, der auf ein bestimmtes Angebot aufmerksam wird und dessen einzigartigen Nutzen für sich selbst klar erkennt, kauft das Produkt mit großer Wahrscheinlichkeit, und zwar aus purem Eigennutz. Für einen Apple-Fan fühlt sich die völlig irrationale Entscheidung, jedes Jahr ein neues iPhone zu kaufen, absolut folgerichtig – weil emotional erfüllend – an! Nochmal zum Mitschreiben, weil das eine derart zentrale Aussage ist:

Der Nutzen eines Produkts muss für den Kunden klar und unmittelbar erfahrbar sein. Zack! Sofort!

Und welches Kommunikationswerkzeug erfüllt diesen Zweck seit Ewigkeiten? Richtig: Geschichten! Lass uns bitte mal eine kleine Zeitreise machen. Stell Dir vor, wir haben uns in die Steinzeit zurückgebeamt und sitzen gemeinsam mit unserer Sippe am Lagerfeuer. Wenn nun einer der Jäger von einer lebensgefährlichen Jagdsituation berichtet, ist es für das Überleben der ganzen Familie extrem wichtig, dass alle gebannt zuhören und sich der Trick, mit dem dieser Jäger die brenzlige Situation gemeistert hat, tief ins Gedächtnis der gesamten Sippschaft einbrennt. Indem der Jäger möglichst authentisch erzählt, was in ihm vorging, als er diesem fetten Säbelzahntiger in sein gieriges Maul blickte, löst er bei seinen Zuhörern ähnlich starke Gefühle aus, wie er sie selbst erlebt hat. In deren Kopf läuft ganz unmittelbar ein Film ab, der sie die brenzlige Situation quasi ebenfalls erleben lässt. Eins zu eins, mit aller Angst und allem Mut und allem Kampf und aller Erleichterung danach. Dieses eigene (innere)

[4] Bei Unboxing-Videos filmen Leute zum Beispiel mit ihren alten iPhones, wie sie ihr neues iPhone auspacken. Diesen magischen Moment laden sie dann auf YouTube hoch. Je nach Anzahl der Follower werden solche Videos bis zu 30.000 Mal pro Woche angeklickt. In der Forschung wird diese Art der Anerkennung als soziale Währung bezeichnet. Interessanterweise gibt es viel weniger Unboxing-Videos für Samsung-Smartphones als für Apple-iPhones, was auf den hohen emotionalen Stellenwert hindeutet, den Apple-Produkte bei ihren Nutzern einnehmen.

Durchleben der Situation sorgt dafür, dass die Erfahrung extrem wirkungsvoll im Gedächtnis des gebannten Zuhörers verankert wird. Aus diesem Grund sind wir Menschen so empfänglich für Geschichten!

Auch die moderne Hirnforschung hat mittlerweile klar und deutlich nachgewiesen, dass gute Stories mehr Interesse wecken als alles andere! Darüber hinaus hat der Kognitionspsychologe Jerome Bruner herausgefunden, dass Fakten, die in den Kontext einer Geschichte eingebunden sind, im Schnitt 22-mal besser erinnert werden. Jeder gute Journalist weiß das intuitiv und schreibt seine Texte entsprechend packend. Es gibt nichts Interessanteres als Stories. Und Interesse ist genau das, was wir im Marketing haben wollen! Bitte merke Dir:

Menschen lieben Klarheit und hassen Verwirrung. Darum kaufen sie nicht das beste Produkt, sondern ein gutes Produkt, das ganz unmittelbar ihr Interesse weckt.

Diese zentrale Einsicht möchte ich anhand eines Fallbeispiels verdeutlichen.

THE STORY OF A STORY

Dr. Reinhard Dittmann ist Privatdozent für Zahnmedizin. Gemeinsam mit Prof. Dr. Rosin, der an der Uni den entsprechenden Lehrstuhl innehat, betreibt er eine Praxis in Potsdam. Die absolute Stärke der beiden Zahnspezialisten ist hochwertiger Zahnersatz. Da sind sie spitze in Deutschland.

Eines Tages kam Dr. Dittmann zu mir und sagte: »Wir hätten gerne mehr Patienten, und wir bieten viel bessere Qualität als die anderen.« Ich antwortete – wir waren per Du: »Reinhard, da bist Du nicht allein. Das sagen alle anderen doch auch.« »Mag sein«, erwiderte er, »aber bei uns stimmt es! Schließlich haben wir an der Uni geforscht und verwenden spezielle Keramiken, die dreimal härter sind als üblich. Manchmal führt das sogar dazu, dass unsere Diamantbohrer zerbrechen, weil die Keramik so stabil ist.«

Okay, das war doch schon mal ein Schritt in die richtige Richtung. Doch ich gab mich noch nicht zufrieden und hakte nach: »Reinhard, erkläre mir bitte klipp und klar, warum ich für meinen Zahnersatz zu Euch und keinem anderen Zahnarzt gehen sollte? Was ist Euer spezieller Vorteil, was ist der archimedische Punkt Eurer Story? Wie kann ich als potenzieller Kunde auf einer tiefen Gefühlsebene davon überzeugt werden, dass Ihr mehr für mich tut als andere?«

Daraufhin legte Reinhard endlich richtig los: »Alex, Dir ist wahrscheinlich schon aufgefallen, dass ein Zahnarzt oft durch eine Brille mit kleinen Lupen davor schaut. Diese Lupen vergrößern in der Regel achtfach. Wenn man damit eine Zahnwurzel behandelt, kann man drei bis vier Zahnwurzeln klar erkennen. Wir hingegen verwenden dafür ein Mikroskop mit 30-facher Vergrößerung. Wenn Du Dir eine Zahnwurzel vorstellst wie eine Baumwurzel, dann kannst Du Dir sicher auch ausmalen, dass man mit einer dreißigfachen Vergrößerung alle zehn bis zwölf Wurzeln eines Zahns auseinanderhalten kann – statt der herkömmlichen drei oder vier. Dadurch kann ich viel exakter arbeiten, und die Wahrscheinlichkeit, dass Dein Zahn wieder gesund wird, ist um ein Vielfaches höher.«

»Na gut«, erwiderte ich, noch immer nicht restlos überzeugt. »Wenn es nur an der starken Vergrößerung liegt, warum kaufen die anderen Zahnärzte dann nicht auch so ein Mikroskop?« »Ganz einfach!«, meinte Reinhard lachend. »Erstens kostet das Ding 30.000 Euro. Und zweitens ist die Bedienung ziemlich herausfordernd. Wenn Du vor Deinem Auge eine dreißigfache Vergrößerung hast und bewegst Deinen Kopf um läppische zwei Millimeter, dann ist sofort die gesamte Mundhöhle des Patienten aus Deinem Blickfeld verschwunden. Bei jeder Bewegung Deines Kopfes schaukelt das Bild extrem stark hin und her, da wird Dir nach spätestens zehn Minuten speiübel. Es braucht mindestens zwei bis drei Monate, bis man mit so einem Vergrößerungsmikroskop arbeiten kann. Dafür wollen sich die meisten Zahnärzte keine Zeit nehmen.«

Jetzt hatte ich es kapiert! Jetzt konnte ich mit allen Sinnen spüren, welche Besonderheit mich in Reinhards Praxis erwartet: Reinhard und sein Kollege haben enorm viel Geld investiert und drei Monate an der Übelkeitsgrenze trainiert, um mir ein möglichst perfektes Gebiss zu ermöglichen! Begeistert sagte ich: »Weißt du was, Reinhard? Mach doch einen YouTube-Kanal und erzähle da genau das, was du mir gerade erzählt hast. Genauso lebendig!« Und dann habe ich ihm noch einen passenden Slogan für den Kanal serviert: ›Mit 80 noch Zähne wie mit 18.‹ Ernsthaft. Das kann Reinhard wirklich versprechen! Sieh Dir Reinhards Videos gerne mal auf YouTube an, ich finde sie großartig![5]

[5] www.story-magic.de/bonus

Nun musst Du natürlich bedenken, dass Reinhard Dittmann Privatdozent an der Uni ist, der aus dem Stegreif druckreife Vorträge halten kann. Für das, was Reinhard an einem Nachmittag geschafft hat – 15 kurze Videos à drei bis fünf Minuten –, brauchen wir also vielleicht zwei oder drei Nachmittage. Doch die grundsätzliche Herangehensweise ist exakt dieselbe: Reinhard Dittmann hat die wichtigsten Fragen seiner Kunden aufgegriffen und im Prinzip genau das erzählt, was ich Dir eben über seine Arbeit berichtet habe. Der Lohn: Mehr als 15.400 Leute haben seinen YouTube-Kanal abonniert. Von mehr als 1.000 neuen Patienten im Jahr 2018 haben knapp 300 im Aufnahmefragebogen angegeben, sie seien wegen der YouTube-Videos bei ihm in der Praxis gelandet. Und die meisten seiner Kunden, die aus ganz Deutschland zu ihm reisen, haben nicht nur ein Problem mit einem einzelnen Zahn – vielmehr kalkuliert Reinhard Dittmann im Schnitt mit einem Gesamtbehandlungsvolumen von mehr als 5.000 Euro pro Patient.

Was für eine Kosten-Nutzenrechnung: Reinhard Dittmann hat einen Nachmittag an Zeit investiert und so seiner ohnehin gut laufenden Praxis einen Zusatzumsatz im siebenstelligen Bereich beschert (über die genauen Zahlen haben wir Stillschweigen vereinbart).

Reinhard Dittmanns Beispiel beweist, wie wichtig es ist, den archimedischen Punkt einer Story herauszuarbeiten und dann glasklar zu benennen. Sicher, es ist wichtig, Deinen Kunden zu erklären, dass Du für hochwertige Materialqualität oder langjährige Branchenerfahrung stehst. Doch zusätzlich musst Du den Leuten Deinen ganz spezifischen Vorteil so anschaulich, einfach und klar vor Augen führen, dass die Botschaft tief drinnen eine emotionale Resonanz auslöst.

Wenn Dir das gelingt, hast Du gewonnen und die zauberhafte Kettenreaktion des Storytellings nimmt ihren Lauf:

Der Kunde wird auf Dein Angebot aufmerksam.

- **Er erkennt ganz unmittelbar den einzigartigen Nutzen.**
- **Er kauft Dein Angebot sofort aus purem Eigennutz.**

Von nichts kommt nichts

Jetzt fragst Du dich vielleicht: »Gibt es eine Story-Garantie für mich?« Wenn Du wirklich wissen willst, ob ich Dir garantieren kann, dass wir zusammen eine Story finden, mit deren Hilfe Du deutlich erfolgreicher sein wirst, dann sage ich Dir klipp und klar: »Ja, das kann ich Dir garantieren – unter einer Voraussetzung.« Und diese Voraussetzung ist das Gesetz von Ursache und Wirkung. Ein Gesetz, das im gesamten uns bekannten Universum herrscht und dem sich nichts und niemand entziehen kann, weder Du noch ich, noch die allerausgefallenste Story. Es ist ein ganz einfaches Naturgesetz: Wenn Du nicht den richtigen »Hebel« bedienst, kann Deine Story nicht wirken; doch sobald Du einen passenden Hebel gefunden hast, wird Storytelling zwangsläufig seine wundersame Hebelwirkung entfalten!

Was meine ich damit? Nehmen wir mal an, Du bist ein Fabrikant für Nagelscheren und verwendest durchschnittliche Materialien und Standard-Produktionsprozesse, um Deine Scheren herzustellen. Mit anderen Worten: Du stellst mehr oder weniger genau dasselbe her wie Deine Mitbewerber. Die logische Konsequenz: Du möchtest eine Nagelschere mit durchschnittlicher Qualität verkaufen. Damit kommst Du natürlich nicht besonders weit. Es fehlt der Story-Hebel, das heißt ein Aha-Moment, der Deine potenziellen Kunden aufhorchen lässt.

Okay, nehmen wir nun an, Du hast diese bittere Pille geschluckt und entschieden, dass Du Dich klar von Deinen Mitbewerbern abheben möchtest. Also erklärst Du mir: »Alex, meine Nagelscheren sind außergewöhnlich, weil ich einen anderen, speziell ausgehärteten Stahl verwende. Zudem werden meine Scheren von hochprofessionellen Messerschleifern geschliffen, die auch chinesische Samurai-Schwerter und Spezialscheren für Chirurgen schleifen.« Da werde ich plötzlich hellhörig!

Indem Du etwas benennst, das Du anders machst als Deine Konkurrenten, erzeugst Du eine andere Qualität. Dein Produkt ist plötzlich zu etwas Einzigartigem geworden! Genau das meine ich mit Ursache und Wirkung. Denn die Wirkung, die nur Dein Produkt erzielen kann, ist messbar, und Du kannst sie Deinen Kunden klar vor Augen führen! Vielleicht brechen die mit Deinen Nagelscheren geschnittenen Nägel seltener ab? Oder sie haben weichere Kanten, weil die Schnittfläche der Scheren so perfekt glatt ist? Wie auch immer, Dein Käufer muss das sichere Gefühl haben, dass er sich besser fühlen wird, wenn er seine Fingernägel ab heute nur noch mit Deiner Präzisionsnagelschere schneidet. Seine glatteren, schöneren Nägel müssen direkt vor seinem inneren Auge erstrahlen! Mit anderen Worten: Eine Ursache – hier die besondere Qualität der Schere – führt bei Deinem Kunden zu einer unmittelbaren Wirkung. Zufrieden beschließt er: »Ab sofort kommen mir nur noch diese chirurgischen Präzisionsscheren ins Haus!« Das nenne ich mal eine Hebelwirkung!

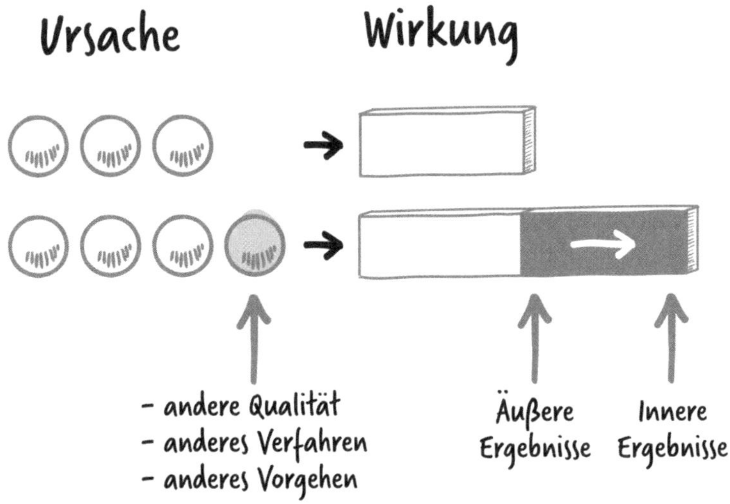

Abbildung 5: Das Ursache-Wirkungs-Prinzip in verschiedenen Stadien. Oben: Ein durchschnittliches Produkt löst beim Kunden eine durchschnittliche Wirkung aus. Unten: Ein Plus an Qualität, Verfahren oder Vorgehen führt zu einer verbesserten Wirkung, was sich sowohl in äußeren als auch in inneren Ergebnissen niederschlägt.

Dieses fundamentale Ursache-Wirkungs-Prinzip möchte ich gerne an einem konkreten Fallbeispiel veranschaulichen.

THE STORY OF A STORY

Dr. med. Ulrich Frank ist einer der besten Handchirurgen Deutschlands. Wir sind gut miteinander bekannt, weil er mich mehrfach nach Sportunfällen operiert hat. Lange Zeit stand auf Herrn Franks Webpräsenz folgender trockener Text:

> *»Nach dem Studium der Humanmedizin an der Ludwig-Maximilian-Universität München ging ich zunächst in die Forschung und verbrachte drei Jahre am Anatomischen Institut der Universität Bonn. Durch meinen Lehrer Herrn Prof. Dr. med. H.-M. Schmidt, der als Autor zahlreicher wissenschaftlicher Artikel internationales Renommee genießt, gewann ich detaillierte Kenntnisse des komplizierten anatomischen Aufbaus der menschlichen Hand. Diese Kenntnisse waren Grundlage für die Arbeit an der renommierten Klinik für Handchirurgie in Bad Neustadt/Saale. Unter der Leitung meines Mentors Prof. Dr. U. Lanz konnte ich Erfahrung in der Behandlung sämtlicher Erkrankungen der Hand respektive der oberen Extremität sammeln. Weitere wertvolle Erkenntnisse gewann ich unter Anleitung von Herrn PD A. Eisenschenk an der Orthopädischen Universitätsklinik der Freien Universität Berlin, speziell im Bereich der Traumatologie der Hand mit besonderer Berücksichtigung der Replantation. Mit Chefarzt Dr. B. Lukas baute ich seit Juli 2000 das Zentrum für Hand- und Rekonstruktive Mikrochirurgie in München- Harlaching auf. Bis September 2002 war ich dort als Oberarzt und Vertreter des Chefarztes tätig. Seit 01.10.2002 zeichne ich mich als Leiter der Abteilung für Handchirurgie in der Hessingpark-Klinik verantwortlich.«*

Im Rahmen einer Behandlung wollte Ulrich Frank irgendwann von mir wissen, was ich beruflich mache. Ich erklärte ihm, dass ich der

Chef einer Marketing-Consultingfirma sei. Da wollte er mehr erfahren: »Sie machen Storytelling? Klingt ja interessant, aber ich habe nicht die geringste Ahnung, was das sein soll.« Ich musste schmunzeln: »Das habe ich vermutet. Ich habe mir nämlich Ihre Webseite angeschaut.« Da wurde Ulrich Frank hellhörig: »Was soll ich denn Ihrer Meinung nach daran verändern?«

An dieser Stelle musst Du wissen, dass bei mir damals ein Karpaltunnelsyndrom diagnostiziert worden war – eine Erkrankung, bei der ein Nerv im Handgelenk so abgedrückt wird, dass einem regelmäßig – meist nachts – zwei oder drei Finger einschlafen.

Ulrich Franks konkreter Behandlungsvorschlag bestand darin, das Handgelenk zu operieren. Und weil er das schon mal sehr erfolgreich bei meiner abgerissenen Bizeps-Sehne gemacht hat, war ich sofort einverstanden. Nun wollte ich ihm an meinem konkreten Fall veranschaulichen, wie gutes Storytelling funktioniert. Ich fragte also: »Lieber Herr Frank, erzählen Sie mir doch bitte mal, was Sie bei Handgelenksoperationen anders machen als andere Handchirurgen? Warum bin ich bei Ihnen an der richtigen Adresse?« Darauf erwiderte er: »Naja, ich habe sehr viel Erfahrung, deshalb gehe ich äußerst präzise vor. Zudem mache ich weniger lange Schnitte als andere Chirurgen.« Ich hakte nach: »Okay, aber was bedeutet das ganz konkret für mich?« Er: »Sie haben eine mittelgroße Männerhand. Bei Ihnen ist der notwendige Schnitt nur 28 statt 35 Millimeter lang.« Natürlich fragte ich mich, was mir das großartig bringen soll. Da erklärte er: »Ganz einfach. Bei einer Karpaltunnelsyndrom-OP muss ich ziemlich tief ins Handgelenk reinschneiden. Fast drei Zentimeter. Und die entstehende Wunde heilt nur langsam von innen zu. Wenn ich in der Lage bin, einen Schnitt zu machen, der 20 Prozent kürzer ist als bei anderen Chirurgen, dann heilt die Narbe bei Ihnen in sechs statt wie sonst üblich in acht Wochen.« Der Punkt gefiel mir, doch Ulrich Frank legte noch eins drauf: »Außerdem habe ich im Laufe der Jahre gelernt, optimal entlang der Handlinien zu schneiden. Am Ende sieht das OP-Ergebnis aus wie bei einem Schönheitschirurgen. Praktisch narbenfrei.«

Bingo – gekauft! Als Speaker stehe ich häufig vor Publikum auf der Bühne und setze natürlich auch viele Gesten ein. Wenn dann einige Zuhörer auf den abwegigen Gedanken kämen: »Der Typ hat offenbar schon mal versucht, sich das Leben zu nehmen. Ob das so ein guter Lebensberater für mich ist?« , würde das sicher falsche und unnötige Fragezeichen an meiner Reputation wecken. Hätte mir Ulrich Frank von vornherein versprochen, dass nach seinen Hand-OPs keinerlei Narben sichtbar sind, hätte ich keine Sekunde gezögert und sofort in eine Operation eingewilligt. (Okay, aufgrund unseres Vertrauensverhältnisses hätte ich Ulrich Franks Dienste sowieso in Anspruch genommen. Aber das ist eine andere Geschichte.)

Nach diesem Gespräch dauerte es keine fünf Minuten, bis ich die Story hinter Ulrich Franks Können zu Papier gebracht hatte:

> *»Ich operiere seit 20 Jahren Handgelenke. Ich schneide 20 Prozent weniger. Deswegen heilt die Wunde zwei Wochen schneller. Plus – es bleibt praktisch keine Narbe und niemand kommt auf die blöde Idee, dass Sie sich schon mal die Pulsadern aufschneiden wollten.«*

Spürst Du den gewaltigen Unterschied zwischen meinem konkreten Story-Vorschlag und dem, was bis dahin auf Ulrich Franks Webseite stand? Durch diese kurze Story wird mir als Nicht-Mediziner sofort und völlig anschaulich klar, warum ich mein Handgelenk bei Ulrich Frank und nirgendwo sonst operieren lassen sollte. Das habe ich übrigens auch getan – mit großem Erfolg …

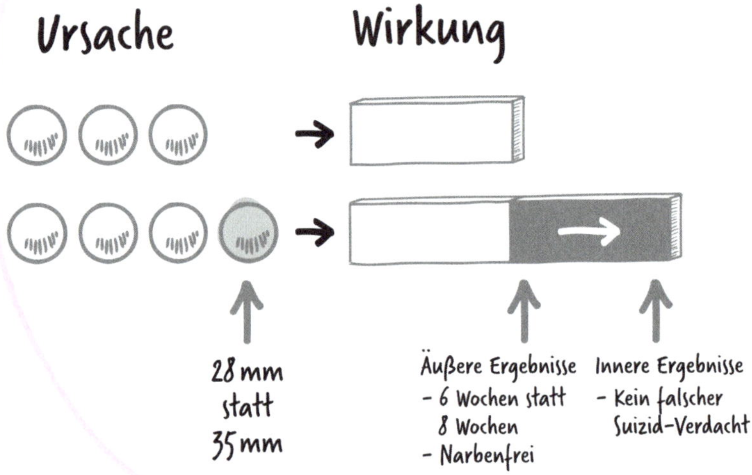

Abbildung 6: Das Ursache-Wirkungs-Prinzip im konkreten Fall meiner Karpaltunnelsyndrom-OP.

In Abbildung 6 siehst Du für den konkreten Fall meiner Karpaltunnelsyndrom-OP nochmal ganz anschaulich, welche Ursache zu welchen Ergebnissen führte. Daran erkennst Du etwas sehr Wichtiges: Andere Ursachen führen nicht nur zu Auswirkungen in der objektiven, greifbaren Welt, sondern sie beeinflussen auch die subjektive Welt des Kunden – die Welt seiner Gedanken und Gefühle. Nun lass bitte die genannten äußeren und inneren Ergebnisse einen Moment lang auf Dich wirken. Welches Ergebnis hatte Deiner Meinung nach den stärksten Einfluss auf meine Kaufentscheidung? Klar, Narbenfreiheit ist prima, und auch zwei Wochen weniger Heilungszeit nehme ich gerne mit. Aber hey, der alles entscheidende Faktor ist doch, dass Ulrich Frank mir meine Sorge nehmen konnte, von anderen für einen Selbstmord-Kandidaten gehalten zu werden!

Die innere Wirkung, die eine Story auslöst, hat entscheidenden Einfluss auf das Verhalten eines Kunden.

Wenn Du diese Erkenntnis wirklich verstanden und verinnerlicht hast, ist Dein Durchbruch im Marketing nur eine Story weit weg!

Satte Conversion Rate, satte Gewinne

Erinnerst Du Dich, wie ich vorhin die selbsternannten Marketing-Experten kritisiert habe, die behaupten, dass mehr als ein 1 Prozent Conversion Rate einfach nicht drin sei? Da halte ich ohne Wenn und Aber dagegen. Ausgehend von den Erfolgen meiner Kunden – und auch meinen eigenen Erfolgen – kann ich Dir nämlich mit voller Überzeugung versichern: Da ist deutlich mehr drin! Ganz konkret: Mit einer guten Story-Landingpage kommst Du in den meisten Branchen auf eine Conversion Rate von 10 Prozent und mehr. Viele meiner Kunden haben sogar 20 Prozent erreicht. Und wenn ich mir die Anmeldequoten für unsere Storytelling-Webinare anschaue, dann steht da sogar eine Conversion Rate von über 30 Prozent! Im Durchschnitt!

Rechnen wir das einmal an einem Beispiel durch. Angenommen, bei einer Conversion Rate von 1% kostet Dich es Dich 15 Euro, um einen Interessenten zu gewinnen. Bei 30% Conversion Rate würdest Du mit dem gleichen Budget 30 Interessenten gewinnen und jeder würde Dich nur noch 50 Cent kosten – also satte 96% weniger. Ziemlich cool, oder?

Ich möchte Dir die enorme Wirkung der Conversion Rate anhand einer Fallstudie genauer erläutern. Lass uns von einer Steuerberaterin ausgehen, die auf ihrer Webseite monatlich rund 1.000 Besucher hat. Ausgehend von der üblichen Conversion Rate von 1 Prozent kriegt sie also zehn neue Anfragen pro Monat. Lass uns nun weiter annehmen, dass von diesen 10 Interessenten am Ende zwei Leute tatsächlich zu Neukunden werden. Wenn wir weiter voraussetzen, dass die Steuerberaterin insgesamt schon 250 Mandate betreut und alle Klienten ihr im Schnitt zehn Jahre lang treu bleiben, dann verliert sie in der Regel pro Jahr 10 Prozent ihres Kundenstamms, das heißt 25 Mandate. Kannst du noch folgen?

Die Steuerberaterin verliert also jährlich 25 ihrer Klienten, gleichzeitig gewinnt sie über ihre Webseite aber auch 2 x 12 = 24 neue Mandate hinzu. Das Ganze hält sich mehr oder weniger die Waage.

Wenn wir annehmen, dass die Steuerberaterin pro Kunde und Jahr im Schnitt 1.000 Euro verdient, kommen wir bei ihrem aktuellen Kundenstamm von 250 Mandaten auf ein Jahresergebnis von 250.000 Euro vor Steuern. Was würde das bedeuten, wenn die Dame ihren Laden nach, sagen wir, 20 Jahren verkaufen will, zum Beispiel weil sie in Rente geht? Nun, nach dem sogenannten Stuttgarter Verfahren[6] stünde ihr für ihre Steuerberatungspraxis das Viereinhalbfache des Jahresergebnisses zu, in ihrem Fall also 1,125 Millionen Euro. Wenn unsere Steuerberaterin dieses Geld anschließend mit vier Prozent Zins anlegt, fährt sie auf diese Weise eine zusätzliche Jahresrente von 45.000 Euro ein.

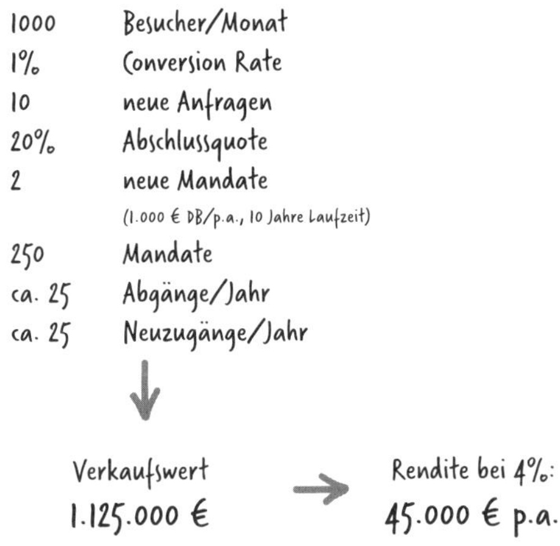

Abbildung 7: Mit einer herkömmlichen Conversion Rate von 1 Prozent bekommt die Steuerberaterin eine Extrarente von 45.000 € pro Jahr. Ob das wohl ausreicht?

[6] Laut Wikipedia ist das Stuttgarter Verfahren eine Methode zur Schätzung des Unternehmenswertes für Zwecke der Erbschaft- und Schenkungsteuer. Zwar wurde es im Jahr 2009 durch das Erbschaftsteuerreformgesetz ersetzt, wegen seiner Anschaulichkeit wird es aber auch heute noch gern zwischen privaten Vertragsparteien verwendet.

THE STORY OF A STORY

Wie würde ich als Storytelling-Experte diese Steuerberaterin coachen? Na klar, ich würde sie zu allererst fragen: »Bitte erklären Sie mir mal, was Ihr einzigartiges Verfahren ist? Was können Sie besonders gut?«. In diesem konkreten Fall könnte die Steuerberaterin etwa antworten: »Herr Christiani, für medizinische Berufe – also Ärzte und vor allem Zahnärzte – bin ich in der DATEV-Erfahrungs-Austauschgruppe. Da kann ich die Kosten und weitere Kennzahlen sämtlicher Zahnärzte meines Bundeslandes einsehen! Mit diesem Hintergrundwissen kann ich jedem Zahnarzt auf den Kopf zusagen, wo er die meisten Extrakosten verursacht. In aller Regel kann ich jedem meiner Zahnarzt-Klienten binnen einer Stunde erklären, wie er in den nächsten drei Monaten zehn Prozent seiner Kosten einsparen kann.«

10 Prozent? Da würde ich natürlich hellhörig werden! Entsprechend würde ich meiner Klientin empfehlen, ein kurzes Webinar und folgenden Text auf ihrer Landing-Page zu platzieren:

> *»In diesem Webinar zeige ich allen selbstständigen Ärzten, Zahnärzten oder sonstigen Heilberuflern, wie sie ausgehend von Branchenvergleichszahlen in nur drei Monaten zehn Prozent mehr Jahresgewinn erwirtschaften können. Und zwar lediglich durch Kostenreduktion!«*

Zurück zu unserem Rechenbeispiel. Um die richtigen Leute auf ihre Webseite zu locken, muss die Steuerberaterin bei Google fünf Euro pro Klick bezahlen. Für 100 Besucher gibt sie also 500 Euro aus. Aber jetzt kommt der Clou: Weil sie auf ihrer Webseite nun den konkreten Kundennutzen benennt und nicht nur einfach sagt »Ich mache Ihnen das Leben leichter«, fühlen sich nicht mehr nur ein Prozent, sondern satte zehn Prozent der Webseitenbesucher von ihrem Angebot angesprochen! Zehn zusätzliche Anfragen pro Monat bedeuten – bei gleichbleibender Abschlussquote von 20 Prozent – zwei neue Kunden. Und zwar zusätzlich zu den zwei

Kunden pro Monat, die sie auch vorher schon gewonnen hat. Sie gewinnt also pro Jahr 25 zusätzliche Mandate. Jedes Jahr! In Zahlen ausgedrückt bedeutet das, dass sie ihren Jahresgewinn kontinuierlich um 25.000 Euro steigert.

Wieder möchte die Steuerberaterin ihre Praxis nach 20 Jahren verkaufen. Doch wie sieht die Lage jetzt aus? Nun, nach 20 Jahren ist der Jahresgewinn stetig von 250.000 Euro auf etwa 750.000 Euro angewachsen.[7] Der neue Verkaufswert, wieder nach dem Stuttgarter Verfahren berechnet, beträgt damit 3,375 Millionen Euro. Wieder mit vier Prozent Rendite anlegt, hat die liebe Frau nun plötzlich eine Zusatzrente von 135.000 Euro pro Jahr! Damit steht einem neuen Sportwagen und erholsamen Toskana-Reisen mit ihrem Mann nichts mehr im Weg. Und das alles nur wegen einer einzigen Story auf ihrer Landing-Page!

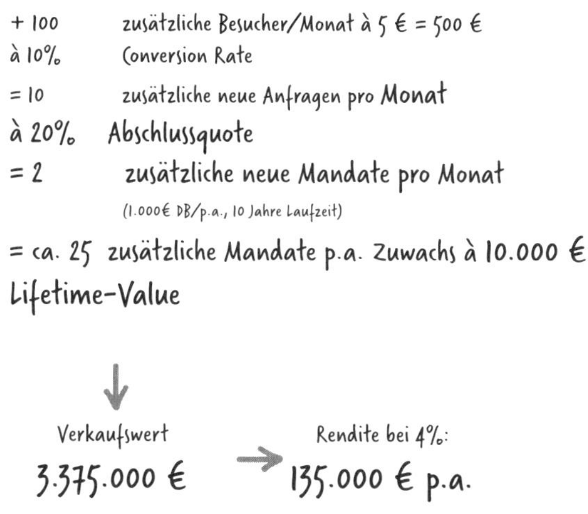

Abbildung 8: Mit dieser zusätzlichen Jahresrente sieht die Welt der pensionierten Steuerberaterin schon ganz anders aus!

[7] Natürlich geht das nur mit einer entsprechend größeren Praxis, schließlich muss sie jetzt statt 250 ganze 750 Mandanten betreuen. Aber das ist eine andere Geschichte.

Bei diesen Zahlen wird einem schwindelig …

Konnte ich Dir alle Details im Fallbeispiel der Steuerberaterin verständlich nahebringen? Ich frage deshalb, weil es mir sehr wichtig ist, dass Du meine Sichtweise komplett verstehst. Schließlich sollte man einem möglichen Mentor niemals blind vertrauen, sondern dessen Ratschläge einer kritischen Prüfung unterziehen, bevor man sie befolgt. Falls Du also bis hierher noch offene Fragen hast, vereinbare auf **www.storymagic.de/beratung** gerne ein kostenloses Erstgespräch mit einem unserer Story-Coaches. Dann können wir gemeinsam überlegen, wie Du Dein Expertenwissen bestmöglich sortieren und elegant in eine Story verpacken kannst, um genau die Menschen zu erreichen, die Deine Expertise am dringendsten benötigen.

Zum Abschluss dieses aufregenden Kapitels wiederhole ich nochmals die drei strategischen Fragen, an deren Beantwortung Du für Deinen Marketing-Durchbruch arbeiten musst:

- Welche besonderen Ursachen (beispielsweise spezielle Produktionsverfahren, ein anderes Vorgehen im Detail, ein besonderer Erfahrungshintergrund) führen dazu, dass Deine Kunden bei Dir bessere Ergebnisse erzielen?

- Zu welcher besseren äußeren Wirkung führt Dein besonderes Vorgehen für Deine Kunden?

- Welche innere Wirkung stellt sich bei Deinen Kunden ein?

Diese Fragen führen Dich verlässlich zu Deiner Story … und damit zu Deinem Durchbruch im Marketing. Großes Storyteller-Ehrenwort.

Zusammenfassung

Die Golden Nuggets aus Teil I

Mit Blick auf Deine Umsetzungsaufgabe findest Du hier nochmals in kompakter Form, was wir bisher gemeinsam erarbeitet haben:

- Die Kommunikationsstrategie ›Wir haben beste Qualität, langjährige Erfahrung und exzellenten Service‹ funktioniert nicht.
- Die Agentur-Lösung ›Du brauchst für Deinen Kommunikations-Müll eine emotional ansprechende Verpackung‹ wird durch Google Analytics eindrucksvoll widerlegt.
- Die Traffic-Hoffnung ›Wenn ich für meinen Müll genügend Reichweite bekomme, ist es kein Müll mehr‹ stimmt ebenfalls nicht.
- Jeder Marketing-Durchbruch basiert auf drei Elementen:
    - Der Kunde wird auf das Angebot aufmerksam.
    - Er erkennt klar und unmittelbar den einzigartigen Nutzen.
    - Er kauft sofort aus purem Eigennutz.
- Stories sind das effektivste Kommunikationswerkzeug der Menschheit und die Eintrittskarte in den Kopf Deiner Kunden. Sie wecken tiefes Interesse, sorgen für mehr Klarheit und werden extrem gut erinnert.
- Stories funktionieren für jedes Unternehmen mit hochwertigen Produkten, weil es immer entscheidende Unterschiede in Bezug auf Ursache und Wirkung gibt.

- Hochwertige Produkte setzen auf andere Ursachen. Andere Ursachen führen zu anderen Auswirkungen. Andere Auswirkungen führen zu anderen objektiven Effekten und zu spürbaren Veränderungen in der subjektiven Welt.

- Eine einzige kleine Geschichte kann den Unternehmenswert langfristig vervielfachen.

Ganz klar, in diesem ersten Schritt lautet meine Hauptbotschaft an Dich:

Menschen lieben Klarheit und hassen Verwirrung. Sie kaufen nicht das beste Produkt, sondern ein gutes Produkt, das sie unmittelbar anspricht.

Umsetzungsaufgabe

Jetzt bist Du am Zug – drei Schlüsselfragen für Deine Story

Nun haben wir alle Erkenntnisse beisammen und Du kannst selbst mit Deinem ganz persönlichen Storytelling durchstarten. Nimm Dir für die folgende Umsetzungsaufgabe bitte ausreichend Zeit, denn mit ihrer Lösung steht und fällt Dein späterer Story-Erfolg. Je besser und klarer Du die folgenden drei Fragen beantwortest, desto höher wird das Niveau Deines Storytellings sein. Also, bist Du bereit? Hier sind die drei Schlüsselfragen:

- Welche einzigartigen Verfahren oder Kenntnisse nutzt Du, um für Deine Kunden das bestmögliche Ergebnis zu erzielen? Bitte denke gut nach, was Deine Vorgehensweise zu etwas Besonderem macht, und schreibe dann Deine Gedanken in zwei bis drei kurzen Sätzen auf. Falls Du mehrere Produkte in den Fokus rücken möchtest, konzentriere Dich zunächst nur auf Dein Hauptprodukt mit der höchsten Gewinnmarge.

- Zu welchen besseren äußeren Ergebnissen führt Deine spezielle Vorgehensweise bei Deinen Kunden? Was haben sie ganz konkret davon? In meinem Fall beim Handchirurgen war die Antwort: Schnitt 20 Prozent kürzer, dadurch Heilungserfolg nach sechs anstelle von acht Wochen.

- Welche inneren Ergebnisse bewirken diese äußeren Verbesserungen bei Deinen Kunden? Versetze Dich dazu in die Lage Deiner Kunden und spüre nach, ob sie dank Dir vielleicht weniger Frust erleben, oder mehr Zufriedenheit, oder, oder, oder. In meinem Beispiel war es die große Beruhigung, dass meine Zuhörer mich nicht als potenziellen Selbstmörder einordnen, bloß weil ich an der falschen Stelle eine Narbe habe.

In diesem Kontext noch ein Storyteller-Tipp für Dich: Suche Dir am besten einen Story-Buddy in Deinem Freundes- oder Bekanntenkreis! Denn Storytelling lebt von der Wirkung, die es bei den Zuhörern auslöst – und indem Du Dich mit vertrauten Personen austauschst, kannst Du ein Gefühl dafür entwickeln, welche Deiner Story-Ideen tatsächlich eine Resonanz beim Zuhörer auslösen. Ein Story-Buddy hört Dir aufmerksam zu, fragt nach, wenn er Deine Ausführungen als unklar empfindet, und macht Dich auf mögliche Lücken in Deiner Story aufmerksam. Solche ehrlichen Feedbacks sind zwar nicht immer angenehm, aber sie helfen Dir, dem Kern Deiner Story immer näher zu kommen.

Im Idealfall ist Dein Story-Buddy ebenfalls selbstständig und an innovativen Marketingtools interessiert. Vielleicht coacht Ihr Euch ja auch gegenseitig? Dann wäscht eine Hand die andere. Natürlich kannst Du Deinem Buddy auch gerne dieses Buch empfehlen. Unter **www.story-magic.de/bonus** kann Dein Buddy sich das zugehörige Bonus-Material kostenfrei herunterladen.

TEIL II
DER RICHTIGE STORY-BAUPLAN

Im zweiten Teil dieses Buches geht es richtig zur Story-Sache: Du wirst lernen, wie Deine Story aufgebaut sein muss, um bei Deinen Kunden eine tiefgreifende Wirkung zu erzielen. Wandle auf den Spuren der größten Geschichtenerzähler aller Zeiten und lerne in Form des Blockbuster StorySkripts den Königsweg des Storytellings kennen. So bescherst Du Deinen Produkten endlich die Aufmerksamkeit, die sie verdienen!

KAPITEL 4
VON STEVE JOBS LERNEN HEISST STORYTELLING LERNEN

»Die mächtigste Person auf der Welt ist der Storyteller. Er bestimmt die Vision, die Werte und die Agenda einer ganzen Generation, die noch kommen wird.« (Steve Jobs)

Mein Deutschlehrer in der Oberstufe sagte immer: »Eine klare Struktur ist bei einem Aufsatz schon die halbe Miete!« Um ehrlich zu sein, habe ich mehr als 20 Jahre gebraucht, um wirklich zu verstehen, wie recht er hatte. Heute würde ich sogar noch weiter gehen und sagen: Eine gute Struktur macht weit mehr als 50 Prozent einer packenden Story aus – wenn es denn die richtige Story ist. Und was bedeutet ›richtig‹ in diesem Kontext? Ganz genau: Deine Story ist richtig, wenn sie zu einem Hauptproblem Deiner Zuhörer einen inneren Lösungsfilm auslöst, der sie emotional erleben lässt, was das Besondere an Deinem Angebot ist und welchen konkreten Nutzen sie davon haben.

Wenn eine Story in diesem Sinne richtig ist, ist ihre Wirkung zwangsläufig universell. Dann funktioniert sie in jeder Branche und für jede Art von Unternehmen – also auch für Dich. Und warum? Weil es bei einer guten Story um Dich geht! Und um das, was Deine Produkte beziehungsweise

Dienstleistung im Kern ausmacht. Wenn es Dir gelingt, Deinen Kunden das, was Du mit Hingabe tust, in einer spürbar authentischen Geschichte zu vermitteln, hast Du gewonnen, völlig egal, ob Du nun ein hingebungsvoller Rechtsanwalt, eine hingebungsvolle Kieferorthopädin oder sonst etwas bist …

Ich möchte Dir dieses universelle Wirkprinzip an einem konkreten Beispiel verdeutlichen. Stell Dir bitte vor, wir hätten uns eben persönlich kennengelernt und plaudern nun ein wenig miteinander. Irgendwann geht es um unsere letzten Urlaube. Ich sage zu Dir: »Erzähl doch mal, was war die aufregendste Story, die Du in Deinem Urlaub erlebt hast?« Dabei ist überhaupt nicht von Belang, ob Du Deine Ferien im Harz oder auf den Seychellen verbracht hast. Vielmehr kannst Du von jedem Winkel der Welt – selbst vom Freibad um die Ecke – eine großartige Geschichte erzählen. Denn wichtig ist nicht der Ort, an dem die Geschichte spielt, sondern was Du dort erlebt hast und wie Du mir davon berichtest!

Wenn Du mir zum Beispiel lang und breit erzählst, wie Du an diesem schönen Seychellen-Strand zum Frühstück frisch gepressten Orangensaft getrunken hast und danach drei Stunden am Infinity-Pool lagst und den anderen Gästen beim Sonnenbaden zugesehen hast – packt mich das? Nein, nullkommanull.

Wenn Du mir jedoch erzählst, wie Du im Harz unterwegs warst, um Dich fit zu machen für eine herausfordernde Extremwanderung – Deinen lang ersehnten Aufstieg zum Kilimandscharo! –, dann kommt gleich ein völlig anderer Drive in Deine Story! Da male ich mir sofort aus, welchen Strapazen Du Dich in diesen 14 Urlaubstagen unterzogen hast, um an Deine körperliche Leistungsgrenze zu kommen, um absolut topfit zu werden für Dein Herzensprojekt »Kilimandscharo«. Wenn Du mir dann noch von Deinen zwischenzeitlichen Trainingskrisen und anschließenden Aha-Erlebnissen erzählst – dann bin ich völlig gebannt bei Dir und Deiner packenden Geschichte!

Wirklich gute Geschichtenerzähler können sich zwei Wochen ins Allgäu zum Meditieren zurückziehen und anschließend einen Bestseller darüber schreiben. Vorausgesetzt, andere Menschen können von ihren Erkenntnissen profitieren. Denn genau darum geht es bei Geschichten: Sie vermitteln anderen Menschen auf emotionaler Ebene, wofür Du stehst, was Du erlebt hast und welchen Nutzen Deine Erkenntnisse für sie haben können.

Ok, die richtigen Geschichten sind also klar und packend erzählt. Aber wie um alles in der Welt geht das? Kann man das lernen, oder muss man dazu ein geborener Geschichtenerzähler sein? Die gute Nachricht: Erzählen können wir alle! Das liegt uns Menschen im Blut. Schon im Kindergarten beginnen wir, den anderen Kindern oder der freundlichen Kindergärtnerin unsere Erlebnisse in Form von kleinen Geschichten mitzuteilen. Mit anderen Worten: Was Storytelling angeht, haben wir alle die berühmten 10.000 Übungsstunden schon hinter uns.

Es geht also vielmehr um den Story-Feinschliff. Und wie bei jeder Kunstform lernst Du das am besten vom Vorbild, sprich, indem Du Dir genau ansiehst, wie die großen Meister ihres Faches vorgehen. Einer der allerbesten Geschichtenerzähler unserer Zeit – zumindest was Business-Stories angeht – ist Steve Jobs, der mittlerweile verstorbene CEO von Apple. Ich bin seit vielen Jahren ein großer Fan von ihm und bin überzeugt, dass wir unglaublich viel von ihm lernen können, wenn es um Storytelling geht!

Als ich erstmals auf Steve Jobs aufmerksam wurde, dachte ich: »Der Mann ist ein Genie! Er hat das mit den Stories einfach drauf. Was wir anderen erst mühsam lernen müssen oder womöglich niemals lernen können, das wurde ihm einfach in die Wiege gelegt.« Doch dann habe ich mir die Marketing-Historie bei Apple genauer angeschaut und dabei festgestellt, dass es durchaus eine Zeit gab, in der die Apple-Marketingkampagnen noch ziemlich dilettantisch daherkamen. Offenbar musste also auch ein Steve Jobs erst auf die harte Tour lernen, wie Storytelling funktioniert!

Wie war das noch mit dem Lebenslauf von Steve Jobs? Richtig. Er wurde bei Apple mal zwischendurch gefeuert und ging dann zum Trickfilmproduzenten Pixar. Noch vor seinem Abgang bei Apple hatte er den Mac-Computer Lisa so weiterentwickelt, dass Lisa fraglos der technisch beste PC der Welt war. (Steve Jobs war zu Recht sehr stolz darauf, weshalb er ihn auch nach seiner Tochter Lisa benannte.) Für uns interessant ist nun, wie Steve Jobs damals – vor seiner Pixar-Zeit und damit auch vor seiner Entdeckung von Storytelling als brillantem Marketing-Tool – seinen Lisa-PC bewarb: Er schaltete eine neunseitige Anzeige in der New York Times, in der er alle erdenklichen technischen Vorteile dieses Geräts im Detail beschrieb. Du hast richtig gelesen: Neun Seiten Werbung, und das meiste davon trockener IT-Experten-Text! »Dieser Computer hat so und so viel Bits und Bytes, und diese und jene Schnittstelle, und er versteht hochkomplexe Programmiersprachen« – so was in der Richtung. Kein Wunder, dass nur sehr wenige Leser der Anzeige Steve Jobs tatsächliche Botschaft verstanden, geschweige denn sich zum Kauf einer PC-Lisa entschieden. Nichts war zu sehen von der Kundenbegeisterung, die wir heute von Apple-Produkten kennen!

Auch Steve Jobs setzte zu seinen Anfangszeiten also aufs falsche Marketing-Pferd: Statt einer einzigen packenden Story schlug er seinen potenziellen Kunden eine gewaltige Ladung Nerd-Speak um die Ohren, ausgebreitet über neun Seiten. Jeder moderne Kommunikationswissenschaftler wird Dir sofort bestätigen, dass eine Botschaft niemals ankommt, wenn sie derartig ausufernd erzählt wird. Bei zu langen Botschaften schaltet unser Gehirn irgendwann einfach ab. Und genauso schaltet es ab, wenn Du ihm nichts Packendes anbietest! Da hatte der liebe Steve Jobs also ein absolutes Kommunikations-Desaster angerichtet …[8]

[8] Ich habe recherchiert, dass eine Seite in der New York Times damals 480.000 Dollar kostete. Damit hat Steve Jobs mal eben rund viereinhalb Millionen Dollar für sein Kommunikations-Desaster ausgegeben. Ein wahrhaft hohes Lehrgeld! Doch Steve Jobs zog aus dieser Pleite die richtigen Schlüsse. Wer weiß, vielleicht hätte er sonst nie die die Kunst des Storytellings für sich entdeckt …

Abbildung 9: Wenn Du keine klare Botschaft übermittelst, sondern nur seitenlang irgendwelche Fakten runterlaberst, werden Deine Zuhörer ziemlich bald vor Langeweile einschlafen.

Doch jetzt wird es spannend. Denn offenbar hatte Steve Jobs aus seinen Fehlern gelernt und sich während seiner Zeit bei Pixar eine völlig neue Herangehensweise angeeignet. Als er dann zu Apple zurückkehrte, präsentierte er nach nur acht Wochen seine erste große Markenkampagne. Vielleicht erinnerst Du Dich – sie hieß ›Think different‹ und schlug ein wie eine Granate. Was für ein genialer Slogan! Plötzlich hatte Steve Jobs eine glasklare und für jeden Zuhörer unmittelbar einleuchtende Botschaft: Apple-Kunden denken anders. Apple-Kunden sind nämlich die Kreativen. Apple-Kunden sind die Rebellen. Apple-Kunden geben sich nicht mit dem Status quo zufrieden. Apple-Kunden sind konstruktiv und wollen die Welt verändern. Mit nur zwei Worten hatte Steve Jobs alle Apple-Kunden dieser Welt zu Helden gemacht!

Weil man daraus so wunderbar viel über Storytelling lernen kann, zeige ich Dir hier den Originaltext dieser Werbekampagne:

> *Here's to the crazy ones.*
> *The misfits.*
> *The rebels.*
> *The troublemakers.*
> *The round pegs in the square holes.*
> *The ones who see things differently.*
> *They're not fond of rules.*
> *And they have no respect for the status quo.*
> *You can quote them, disagree with them,*
> *glorify or vilify them.*
> *But the only thing you can't do is ignore them.*
> *Because they change things.*
> *They push the human race forward.*
> *And while some may see them as the crazy ones, we see genius.*
> *Because the people who are crazy enough to think*
> *they can change the world are the ones who do.*

Die deutsche Version lautet wie folgt:

An alle, die anders denken:
Die Rebellen,
die Idealisten,
die Visionäre,
die Querdenker,
die, die sich in kein Schema pressen lassen;
die, die Dinge anders sehen.
Sie beugen sich keinen Regeln,
und sie haben keinen Respekt vor dem Status quo.
Wir können sie zitieren, ihnen widersprechen, sie bewundern oder ablehnen.
Das Einzige, was wir nicht können, ist, sie zu ignorieren, weil sie Dinge verändern,
weil sie die Menschheit weiterbringen.
Und während einige sie für verrückt halten,
sehen wir in ihnen Genies.
Denn die, die verrückt genug sind zu denken,
sie könnten die Welt verändern, sind die, die es tun.

In der Folge schüttelte Steve Jobs eine spannende Story nach der anderen aus dem Ärmel und führte Apple auf diese Weise von einem Verkaufsschlager zum nächsten. Von der genial-einfachen Marketingkampagne für den iPod hatte ich Dir ja schon erzählt. Ich sage nur ›1.000 songs in your pocket. And we call it iPod.‹ Ein MP3-Player mit sechs Gigabyte auf der Festplatte – das ist die sachlich-fachliche Information, die karge Pressemitteilung. Aber die Botschaft, die mich unmittelbar anspricht, klingt so: »Cool! Egal wo ich bin – künftig habe ich immer meine 1.000 Lieblingslieder bei mir.« Das ist die entscheidende Message aus der Erzählerperspektive! Solange der iPod dieses emotionale Versprechen erfüllt, ist mir völlig wurscht, ob da nun 6 oder 12 Gigabyte drinstecken.

Völlig unabhängig vom konkreten Produkt haben alle Apple-Kampagnen eine Gemeinsamkeit: Sie erzählen eine packende Geschichte in maximal verdichteter Form. Das ist die zentrale Lektion, die wir von einem Steve Jobs lernen können!

Um Aufmerksamkeits-Marktführer zu werden, musst Du spannende und prägnant auf den Punkt gebrachte Stories erzählen!

Wenn Dir das gelingt, sind alle Kommunikations-Desaster passé und Du bewegst Dich im Erfolgsraum der Kommunikations-Excellence.

Abbildung 10: Wenn Du Deine Botschaft klar und prägnant in eine packende Story verpackst, ist Dir Aufmerksamkeit garantiert

Lass mich Dir an einem weiteren Beispiel verdeutlichen, was ich mit Kommunikations-Excellence meine. Stell Dir bitte mal vor, dass Du die Nachrichten im Fernsehen ansiehst, und da kommt die Meldung: »Erdbeben in San Francisco.« Kurz darauf erzählt die ARD-Korrespondentin aufgeregt: »Hallo! Ich befinde mich mitten in San Francisco, eben bin ich aus unserem Büro auf die Straße geflüchtet, nachdem plötzlich das gesamte Gebäude wie verrückt zu wackeln begann! Die Polizei warnt uns mit Megaphonen, dass weitere und noch stärkere Erdbebenschübe folgen könnten. Schon jetzt sehe ich um mich herum lauter eingestürzte Gebäude und panisch umherrennende Menschen. Ich habe Todesangst.« Die Meldung an sich ist der sachlich-nüchterne Teil; und die dann folgende emotionale Schilderung ist die Story dazu. Bei der Meldung bleibst Du vermutlich recht teilnahmslos, doch dieser zweite Teil, als eine hautnah betroffene Person ihre Todesangst schildert, der rührt Dich innerlich sofort an, oder nicht? Mit solch einer berührenden, aber dennoch prägnanten Schilderung gewinnst Du die Aufmerksamkeit der Menschen. Ein Unternehmer, der sich im Bereich der Kommunikations-Excellence bewegt, weiß genau um diese Wirkung und setzt sie gezielt ein, um seine Kunden zu begeistern. Und hey, ich werde Dir mit all meiner Erfahrung zur Seite stehen, damit auch Du Dich zu einer echten Kommunikations-Exzellenz entwickeln kannst!

Eine Marketingkampagne – und sei sie noch so durchdacht – bringt Dir nichts, wenn die Botschaft ausufernd oder gar verwirrend ist. Das gilt für Steve Jobs, das gilt für mich und das gilt für Dich. In diesem Fall wirst Du unweigerlich gegen schlechtere Mitbewerber, die jedoch besser kommunizieren, verlieren! Und der Grund dafür bist nicht Du oder die Qualität Deiner Produkte, sondern die Qualität Deiner Kommunikation. Um Dir also die Aufmerksamkeit zu sichern, die Deine Produkte oder Dienstleistungen fraglos verdienen, musst Du die Kunst erlernen, Deine Kommunikation zu einer glasklaren Botschaft in Form einer spannenden Geschichte zu verdichten. So wie Steve Jobs das in Perfektion gemacht hat.

Und was ist Deine Vermutung, wie Steve Jobs das gelernt hat? Ganz genau: Auch er hatte einen Mentor, einen echten Meister seines Fachs. Diesen Fachmann und die fast magische Formel, die er an seinen Story-Schützling Steve Jobs weitergegeben hat, werden wir uns im folgenden Kapitel ganz genau ansehen.

KAPITEL 5
DAS SKRIPT FÜR DEINE PERFEKTE STORY

»Beim Marketing geht es nicht mehr um die Dinge, die man herstellt, sondern um die Geschichten, die man erzählt.« *(Seth Godin)*

Nun magst Du vielleicht denken, dass Steve Jobs nach seiner Zeit bei Pixar einfach ein paar echte Glückstreffer gelandet hat. Aber mal im Ernst: So viele Zufälle hintereinander kann es gar nicht geben. Dieser Mann hat binnen weniger Jahre drei der erfolgreichsten Produktkampagnen aller Zeiten hingelegt! Beim iPod hat er uns erzählt: ›1.000 songs in your pocket.‹ Beim iPhone hat er uns dann erklärt: ›Today, we reinvent the phone.‹ Und beim iPad kam er dann mit diesem genial-intuitiven Slogan um die Ecke: ›Holding the internet in the palm of your hands.‹ Auch schon vor seiner Pixar-Zeit hatte Steve Jobs Top-Produkte und ein fettes Traffic-Budget, zum Beispiel bei der Lisa-Kampagne. Am Geld oder einem Qualitätssprung kann es also nicht gelegen haben, dass die neuen Apple-Kampagnen plötzlich so viel mächtiger wirkten. Der Unterschied lag woanders! Und zwar darin, dass Steve Jobs plötzlich eine klare und prägnante Botschaft vermittelte, verpackt in einer spannenden und seine Kunden intuitiv ansprechenden Geschichte. Storytelling eben.

Zugegeben: Steve Jobs ist wahrscheinlich auf einem anderen Level unterwegs gewesen als Du und ich – schließlich hat er das wertvollste Unternehmen der Welt aufgebaut. Doch mein konkretes Nutzenversprechen an Dich ist: Wenn Du ein hochwertiges Produkt hast und mit meiner Hilfe das lernst, was Steve Jobs von seinem Mentor gelernt hat, dann baust Du Dir in Deiner Nische garantiert eine starke Marke auf!

Die Fünf-Punkte-Struktur von John Lasseter

Um Dir ein noch klareres Verständnis von Steve Jobs' Erfolgskonzept zu vermitteln, möchte ich im Folgenden erklären, was es mit seinem ominösen Mentor auf sich hat. Es handelt sich dabei um John Lasseter, damals der Chief Storytelling Officer bei Pixar. In dieser Funktion war er maßgeblich für Kino-Welterfolge wie ›Findet Nemo‹ oder ›Toy Story‹ verantwortlich. Und sinngemäß hat er zu Steve Jobs gesagt: »Steve, alle großen Geschichten der Welt – sämtliche Geschichten, die in allen Kulturen dieser Welt von Generation zu Generation weitererzählt werden, ob nun bei den Indianern, den Griechen, den Indern, den Chinesen oder den Wikingern – folgen stets derselben Fünf-Punkte-Struktur. Und diese Fünf-Punkte-Struktur sorgt verlässlich dafür, dass die Geschichten bei ihren Zuhörern eine packende Wirkung entfalten.«

Die einzelnen Punkte dieser besonderen Story-Struktur habe ich in Abbildung 11 für Dich dargestellt. John Lasseter selbst hätte sie wohl in etwa wie folgt erklärt: »Steve, hör mir mal gut zu. Eine packende Geschichte hat immer einen Helden. Dieser Held bekommt plötzlich ein Problem. Dann trifft er auf einen Mentor, der ihm einen Plan mit auf den Weg gibt. Anschließend begibt sich der Held auf eine Reise, in deren Rahmen der zahlreiche Abenteuer erlebt und Prüfungen bestehen muss. Natürlich hilft ihm der Plan seines weisen Mentors, alle Herausforderungen erfolgreich zu meistern. Und dann kommt der Held geläutert und innerlich transformiert zurück. Oft gibt er dann das, was er gelernt hat, an seine Community weiter. Bist das nächste Problem um die Ecke kommt.

Und dann startet die nächste Heldenreise …«

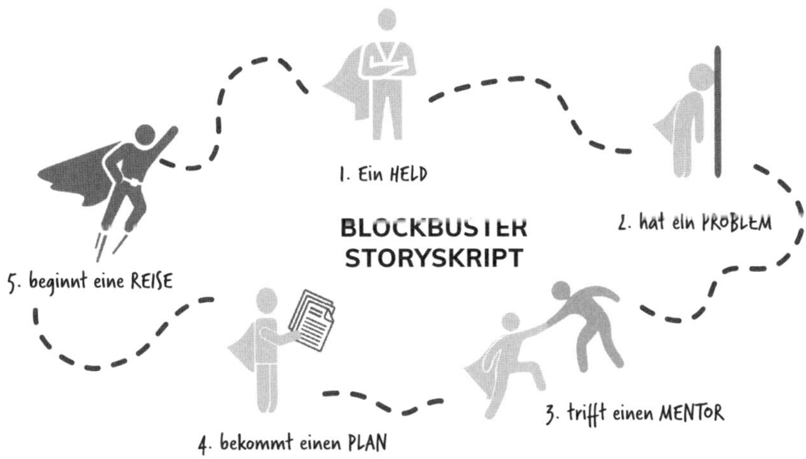

Abbildung 11: Wenn Du beim Schreiben Deiner Story auf John Lasseters Fünf-Punkte-Struktur vertraust, ist Dein Story-Erfolg schon fast vorprogrammiert!

In seinem Buch ›The Hero with a Thousand Faces‹ hat der amerikanische Sozialwissenschaftler Joseph Campbell diesen Urtypus einer Geschichte den Namen ›Heldenreise‹ gegeben und die Struktur dahinter eingehend analysiert. Dabei stellte er fest, dass man die Heldenreise noch feiner in zwölf Punkte untergliedern kann. In Abbildung 12 siehst Du die entsprechenden Helden-Schritte nach Campbell. Für unsere Zwecke reichen aber die fünf großen Punkte von John Lasseter aus.

Abbildung 12: Die Heldenreise in ihrer Einteilung nach Joseph Campbell, mit zwölf statt nur fünf Punkten. An der Tiefe des Erfahrungsschatzes, den solche Heldenreisen hervorbringen, ändert die feinere Gliederung natürlich nichts.

Egal ob Joseph Campbell oder John Lasseter: Die Struktur der Story ist im Kern immer dieselbe. Und alle großen Geschichtenerzähler der Menschheit haben sich diese Struktur zunutze gemacht. Das war bei den Märchen der Gebrüder Grimm so. Das war bei Scheherazade (den Geschichten von 1.000 und einer Nacht) so. Das war in der Bibel so. Das war und ist überall so! Da fragst Du Dich natürlich zu Recht: Warum kamen die Marketing-Agenturen unserer Zeit nicht schon viel früher auf den Trichter, sich diese altbewährte Story-Struktur zunutze zu machen? Was gibt es an diesem Aufbau nicht zu verstehen?

Nun, das Problem ist nicht die Komplexität der Struktur, sondern schlicht und ergreifend, dass die allermeisten Agenturen nicht kapiert haben, wer in einer gelungenen Markengeschichte der eigentliche Held ist!

In einer Unternehmensgeschichte hast Du zwei Möglichkeiten, die Rolle des Helden zu verteilen: Entweder Du machst Dich und Deine Produkte zum Helden, oder Du machst Deinen Kunden zum Helden. Im zweiten Fall wäre Deine Rolle die eines Mentors, der seinen Kunden beratend bei deren Produktwahl zur Seite steht.

Du ahnst schon, was jetzt kommt, oder? Ganz genau: Die erste Möglichkeit ist althergebrachtes Marketing nach dem Motto ›Wir sind die Besten, und zwar schon immer!‹; und die zweite Möglichkeit ist Story-Marketing, wie ich es Dir in diesem Buch nahebringen möchte.

Red Bull, Nike und Harley-Davidson machen vor, wie es geht

Ein prima Beispiel für gelungenes Story-Marketing ist die Firma Red Bull. Im Prinzip sagt die ihren Kunden: »Hey, wer unsere Brause trinkt, saust anschließend mit dem Mountainbike oder dem Snowboard krass steile Abhänge runter, riskiert alles und kommt am Ende doch immer locker mit dem Leben davon.« Red Bull verehrt also den Actionhelden im Kunden. Und diese Nummer bringt Red Bull so überzeugend rüber, dass Du auf dem Sofa sitzend eine Red-Bull-Fernsehwerbung siehst und spontan denkst: »Ich kann mein Red Bull auf dem Sofa trinken und schon bin ich ähnlich heldenhaft-spektakulär unterwegs wie diese Adrenalinjunkies. Ich bin ein Teil dieser coolen Actionszene!«

Oder werfen wir einen Blick auf die Anzeigen des Sportartikelherstellers Nike. Auch Nike macht seine Kunden zu Helden. Da wird zum Beispiel eine dunkle Athletenwade mit einem weißen Laufschuh gezeigt, und der zugehörige Anzeigentext lautet: »Das Wesentliche war immer schon da. Deine Begeisterung, Dein Durchhaltevermögen, Deine Ausdauer! Jetzt bekommst Du von uns den Schuh, der aus Deinen Anlagen das Meiste herausholt. Nike, just do it!«

Oder denken wir an die relativ kleine Motorradfirma Harley-Davidson. Die haben in über 50 Jahren Unternehmensgeschichte noch nie gesagt: »Wir bauen extrem gute Motorräder.« Oder gar: »Wir bauen die besten Motorräder der Welt.« Aus gutem Grund, denn hätten sie das getan, wären sie ausgelacht worden, weil jeder Motorradfahrer weiß, dass Harley–Davidson nicht die technisch besten Motorräder baut. Stattdessen bringt Harley-Davidson uns seit über 50 Jahren sehr überzeugend Folgendes rüber: »Unsere Kunden sind die geilsten Typen der Welt. Unsere Kunden lieben Freiheit und Abenteuer. Auch wenn sie von Montag bis Freitag in ihren Alltagsberufen sind – egal, am Wochenende zeigen wir, dass wir noch echte Männer sind – durchaus eine Botschaft, die auch bei vielen Frauen gut ankommt als Kontrast zu Milchbubis mit Fahrradhelm und Elektroroller.

Auf diese Weise bauchpinseln Red Bull, Nike und Harley Davidson das Ego ihrer Kunden aufs Allererfolgreichste. Die Kunden fühlen sich einfach gut als Red-Bull-Trinker, als Nike-Turnschuh-Trägerin oder als Harley-Davidson-Rocker! Die jeweilige Anzahl der Markenfans auf Facebook belegt das auf eindrückliche Art und Weise: Wow! Red Bull hat 47 Millionen Markenfans, Nike hat 35 Millionen und die kleine Bude Harley-Davidson, mit weniger als 7.000 Mitarbeitern weltweit, hat stolze 12 Millionen Markenfans.[9]

In der folgenden Tabelle siehst Du die entsprechenden Kennzahlen einiger ausgewählter Großunternehmen. Dabei fällt auf, dass die Zahl der Markenfans teils erheblich schwankt. Einer der Gründe dafür ist ganz

---

[9] Stand 14.09.2022

sicher das Story-Marketing, auf das die entsprechenden Firmen setzen – oder eben gerade nicht. Bei einem Traditionsunternehmen wie der Deutschen Bank stelle ich mir etwa vor, dass die verantwortliche Marketing-Agentur ein Briefing nach folgendem Motto erhält: »Hey, wir müssen den Leuten endlich klarmachen, wie genial die Deutsche Bank ist! Dazu brauchen wir Imagebroschüren und Imagefilme, und wir müssen das Logo der Deutschen Bank blitzeblank polieren.« Und die Leute von der Allianz wollen bitteschön noch mehr Hochglanz, schließlich sind die mindestens so renommiert wie die Deutsche Bank! Und die Deutsche Telekom? Erklart uns stolz: »Wir haben das beste Netz in Deutschland!«

Merkst Du, was da schiefgeht? Richtig: Das sind alles egozentrische Marken, die sich selbst im bestmöglichen Licht präsentieren wollen und überhaupt nicht auf die Idee kommen, dass es eigentlich nicht um sie selbst, sondern um ihre Kunden geht. Leider arbeiten über 90 Prozent aller Agenturen nach diesem Schema. Wenn Du da sagst: »Ich brauche Imagewerbung«, dann sagen die: »Prima, wir arbeiten heraus, wie toll Du bist.« Zu dumm nur, dass Menschen eine Story, in der der Erzählende selbst der Held ist, erfahrungsgemäß nicht besonders prickelnd finden (um es mal ganz vorsichtig auszudrücken). Diese Tatsache kommt in der niedrigen Markenfanzahl der entsprechenden Unternehmen deutlich zum Ausdruck. Das musst Du Dir mal vor Augen führen: Die Deutsche Telekom hat mehr Mitarbeiter als Markenfans auf Facebook! Spätestens jetzt sollten die Verantwortlichen doch ins Grübeln kommen, ob mit dem Auftritt ihrer Marke womöglich etwas nicht stimmt, findest Du nicht?

Kunde = Held

Red Bull (47 Mio Facebook-Fans)

Nike (35 Mio Facebook-Fans)

Harley Davidson (12 Mio Facebook-Fans)

Marke = Held

Deutsche Bank (180.000 Facebook-Fans)

Allianz (3,8 Mio Facebook-Fans)

Deutsche Telekom AG (115.000 Facebook-Fans)

Deshalb merke Dir: Dein Kunde ist der Held!

Diesen Ansatz verfolgt auch John Lasseter. Seine Fünf-Punkte-Struktur basiert auf der zentralen Erkenntnis, dass Deine Story nur wirken kann, wenn Deine Kunden sich selbst ganz unmittelbar in die Rolle des Helden, von dem die Story handelt, hineinversetzen können. Dazu will ich Dir ein konkretes Beispiel aus meinem eigenen Kundenkreis erzählen …

THE STORY OF A STORY

Der Immobilienkaufmann Alex Fischer fragte mich eines Tages: »Alex, kannst Du mir bitte helfen, eine gute Story zu entwickeln? Weißt Du, es gibt 50 langweilige Bücher über Immobilien-Investment. Da wird alles zu Hypothekenverträgen, Sicherungsverträgen und Gift-Gutachten fürs Grundstück im Detail erklärt. Was ich brauche, um mich davon abzuheben, ist eine ganz besondere Geschichte!«

Gefragt, getan. Wir begannen zu recherchieren und organisierten ein Brainstorming. Irgendwann sagte ich zu Alex: »Der Nutzen, den Du den Menschen bieten kannst, sieht doch bildlich gesprochen so aus: Wenn man es mit Immobilien richtig anstellt, kann man in einem Zeitraum von fünf bis zehn Jahren reicher werden als die Geissens.« Und so hat Alex sein erstes Buch dann tatsächlich betitelt: ›Reicher als die Geissens‹. Kennst Du das Buch? Ich finde es überragend! Denn es erklärt nicht nur, wie man mit Immobilen zu Wohlstand kommt, sondern es macht den Lesern auch klar, wie man strategisch sauber denkt.

Ganz wichtig: Ich habe kein Wort an diesem Buch mitgeschrieben! Der Text stammt zu 100 Prozent aus der Feder von Alex Fischer. Ich habe Alex lediglich stilistisch aus der Story-Perspektive beraten. Als Alex damals die ersten drei Kapitel fertig hatte, fragte er mich: »Was meinst Du, kann ich in diesem Stil schreiben?« Mein spontanes Feedback war: »Was bisher da steht, liegt bei Dir ziemlich nahe.« Dazu musst Du wissen, dass Alex Fischer zu dem Zeitpunkt, als er das Buch schrieb, schon etwa 2000 Immobilien gekauft und wieder verkauft hatte. Sein Immobilienbestand alleine in Düsseldorf war komplett schuldenfrei. Mit anderen Worten: Alex Fischer müsste in seinem Leben keinen Finger mehr krumm machen. Und genau danach klangen eben auch die ersten drei Kapitel: »Ich weiß, wie das mit Immobilien läuft. Nach rund 2000 Objekten kannst Du Dich voll auf mich verlassen. Ich gebe Dir super Tipps. Ich sage Dir, was Du tun und lassen musst. Hier ist meine ultimative Checkliste, die wird auch für Dich super funktionieren.«

Merkst Du was? Alex Fischer war als echter Experte seinen Lesern natürlich weit voraus – und so muss es auch sein, wenn der Leser wirklich profitieren soll: Das einzige Problem dabei: Unser Ego mag es nicht sonderlich, wenn wir als Leser die ganze Zeit unser eigenes Nichtwissen spüren. Mein Tipp an Alex war deshalb: »Du, der Inhalt ist Weltklasse … wenn Du das jetzt noch mit einer Perspektive verbindest, wo der Leser Deine Wertschätzung spürt, dass er sich so weitsichtig mit seiner Zukunft und dem Thema finanzieller Unabhängigkeit auseinandersetzt, dann haben wir die Story-Perspektive, die Deine Leser zu Fans macht.«

Alex schaute mich anfangs etwas erstaunt an. Ich sagte: »Überleg mal, wie wir beide im Alter zwischen 20 und 30 drauf waren? Ich selbst habe damals eher Geld für Autos und coole Urlaube ausgegeben. Was ich ganz sicher noch nicht getan habe: darüber nachdenken, wie ich mein Geld vorausschauend spare oder in Immobilien anlegen kann.« «In dem Moment machte es bei Alex Klick! »Du hast recht!«, entgegnete er und nickte zustimmend: »Meine Zielgruppe hat verstanden, dass sie neben ihrem Einkommen als Angestellte oder Jung-Unternehmer noch ein zweites Standbein brauchen, um ihre Träume zu verwirklichen. Die wissen also in der Regel schon, dass das mit der Vermietung von Immobilien klappen kann.«

Alex Fischer entschied sich in diesem Augenblick für die Perspektive, in der seine Leser die Helden sind. Frei nach dem Motto: »Toll, dass Du schon so früh erkannt hast, welche wichtige Rolle Immobilien auf dem Weg zu finanzieller Unabhängigkeit spielen. Ich habe dafür etwas länger gebraucht, aber jetzt kann ich Dir zeigen, wie das konkret geht. Und ich wäre sehr happy, wenn Du meine Ratschläge annehmen würdest.« Mehr muss ich Dir hier nicht erzählen, oder? Das Buch wurde ein absoluter Bestseller …

Zurück ins Heute, doch lass uns noch kurz bei Alex Fischer bleiben. Hast Du ihn schon mal live bei einem seiner zahlreichen Auftritte gesehen? Wenn ja, ist Dir sicher aufgefallen, dass er umgeben von jungen Menschen ist, sobald er von der Bühne steigt. Stets ist er in eine Traube von Fans eingehüllt, und alle wollen ihm eine Frage stellen oder ein Selfie mit ihm machen. Alex Fischer hat also eine Marke aufgebaut und genießt eine hohe Markensympathie – wie Red Bull oder Harley-Davidson, nur in einem kleineren Maßstab. Wer ein gemeinsames Foto mit Alex Fischer ergattert hat, postet es stolz auf Facebook oder Instagram. Das kannst Du auch erreichen. Und wie? Ganz einfach, indem Du Deine Kunden zu Deinen Helden machst!

Vielleicht fragst Du Dich nun: »Okay, dann bin ich also der Mentor meiner Helden-Kunden. Doch wer ist mein eigener Mentor? Oder muss ich meine Heldenreise etwa ganz alleine bestreiten?« Keine Sorge, hier kommen Menschen wie ich ins Spiel. Mein Job besteht darin, Dich auf Deiner ganz eigenen Heldenreise als Wegbegleiter zu unterstützen. Mein Team und ich stehen Dir in prekären Situationen mit all unserer Erfahrung verlässlich zur Seite. Und vor allem: Wir helfen Dir, Deine Unternehmensgeschichte in eine Story zu transformieren, die bei Deinen Kunden einschlägt wie eine Bombe!

Bei Deiner Heldenreise stehe ich Dir sehr gerne als Mentor zur Seite – reisen musst Du jedoch selbst! Falls Du schon ganz ungeduldig darauf brennst, dass es endlich losgeht: Vereinbare auf **www.storymagic.de/beratung** einen Termin für eine kostenlose Heldenreiseberatung …

Egal, wohin Dich Deine Reise letztlich führt – eines musst Du Dir unbedingt merken:

In Deiner großen Story, die wir hier gerade zusammen entwickeln, ist Dein Kunde der Held und Du bist sein Mentor.

Warum Hochglanz-Broschüren nicht wirken

Was jetzt folgt, ist nicht als Agentur-Bashing gemeint, sondern eine nüchterne Feststellung: Viele Agenturen kommen aus der Design-Ecke, entsprechend haben sie gelernt, schöne Fotos, schöne Farben und schöne Designs zu kreieren; doch sie sind häufig nicht besonders kompetent darin, Stories zu entwickeln.

Wenn Du Dich an eine Agentur wendest und sagst: »Hallo! Ich brauche von Euch eine coole Imagebroschüre.« – was kriegst Du dann mit großer Wahrscheinlichkeit? Richtig: Eine Imagebroschüre, in der so etwa steht: »Das ist Gustav Gans, er ist seit zehn Jahren Personality-Coach und hat vor neun Jahren seinen ersten Bestseller geschrieben. Vor sieben Jahren hat er ein noch tolleres Buch geschrieben, und vor sechs Jahren besuchten zum ersten Mal mehr als 1.000 Menschen seinen Vortrag in der Münchener Olympiahalle. Seitdem springt er von Erfolg zu Erfolg. Inzwischen ist er international bekannt, wurde dreimal in Folge zum Trainer des Jahres gewählt und ist überhaupt der coolste Typ unter der Sonne.«

Wer diese Broschüre durchblättert, denkt fast zwangsläufig: »Puuh! Was für ein langweiliger Angeber.« Vielleicht denken manche Leute auch: »Ob das wohl alles stimmt? So glänzend wie in dieser Broschüre kann das Leben eines Menschen doch gar nicht verlaufen. Und hey, falls bei diesem Typen wirklich alles so super läuft und ihm die gebratenen Tauben förmlich in den Mund fliegen, dann ist das zwar schön für ihn, interessiert mich aber nicht die Bohne. Das hat doch mit dem wahren Leben nix zu tun!«

Was ich Dir damit sagen will: Imagebroschüren haben unter anderem deshalb keine durchschlagende Wirkung, weil die dafür verantwortlichen Agenturen meist alle Probleme und Stolpersteine kaschieren. Dann sieht zwar alles hochglänzend aus, aber der Bezug zur Realität ist verlorengegangen! Da fühlen sich Deine Kunden schlichtweg nicht ernstgenommen.

Das Verrückte bei alledem ist, dass gute Geschichten genau davon leben, dass der Held ein Problem hat, das er lösen muss. Mit anderen Worten:

Je größer das Problem, desto spannender die Story!

Unter uns: Ich kriege immer einen dicken Hals, wenn wieder mal jemand 20.000 Euro für eine Hochglanzbroschüre hingeblättert hat und anschließend enttäuscht bei mir landet. Dann sagen diese Leute etwas wie: »Herr Christiani, ich habe viel Geld in die Hand genommen und meine Broschüre an mein gesamtes Netzwerk geschickt. Ich habe sie auch an allen wichtigen Stellen ausgelegt. Aber neue Kunden habe ich damit nicht gewonnen. Das funktioniert irgendwie nicht!« So enttäuschend das für diese Menschen ist, so vorhersehbar war ihr Scheitern. Denn wer soll sich von dieser aufpolierten Selbstdarstellung angesprochen fühlen? Wer fühlt sich wirklich verstanden von einem Menschen, der in seiner Broschüre aalglatt rüberkommt und mit den Allerweltsproblemen anderer Leute nichts am Hut zu haben scheint?

Je größer das dargestellte Problem ist, desto fesselnder wird der innere Film, den Deine Story im Kopf Deiner Zuhörer auslöst. Stell Dir mal vor, das zentrale Problem im nächsten James-Bond-Film wäre, dass zwei Falschparker die Zufahrt zum Buckingham Palace blockieren. Mister Bond, übernehmen sie! Ja – 007 soll ausnahmsweise mal nicht die Welt retten, sondern die doofen Falschparker abschleppen. Bei diesem Plot könntest Du selbst Steven Spielberg als Regisseur engagieren – der Streifen ›James Bond und die Falschparker‹ würde garantiert ein Flop! Und warum? Weil das zugrundeliegende Problem niemanden hinter dem Ofen hervorlockt. Jedem und jeder von uns ist glasklar, dass James Bond zwei

Autos abschleppen kann. Was wir aber vorher nicht genau wissen, ist: Kann er die Welt vor den Machenschaften des bösen Goldfingers oder des fiesen Le Chiffre retten? Und ein James Bond rettet die Welt auch nicht in aller Seelenruhe am Mittwochnachmittag, wie das Abschleppunternehmen nun einmal tun. Nein, ein James Bond rettet die Welt immer im allerletzten Moment – ganz, ganz, gaaaanz kurz vor 12. Und davor muss er unzählige scheinbar unlösbare Probleme lösen. Und manche seiner Ideen gehen auch mal in die Hose, das gehört einfach zu einem packenden Bond-Film dazu!

Es liegt auf der Hand: Wenn Du in Deiner Story nicht auch Deine Schwierigkeiten benennst – zum Beispiel die zähen Monate, während der Du voller Eifer an Deinem Produkt getüftelt hast und es einfach nicht klappen wollte –, wird die Geschichte nichts als eine lahme Ente sein. Wenn Du als Verkäuferin von ätherischen Ölen nicht von den 150 Ölen erzählst, die Du getestet hast, bevor Du das perfekte Öl gefunden hast, dann wird daraus nie eine gute Story. Noch schlimmer: Dann hast Du eigentlich die vielversprechendste Zutat für eine gelungene Story in der Hosentasche, aber verwendest sie nicht. Und genau das darf Dir nicht passieren!

Zeige der Welt, was Dich besonders macht

Wir sind uns mittlerweile einig, dass Du in der Story als Mentor auftrittst, der Deinen Kunden einen weisen Plan an die Hand gibst, nicht wahr? Der Helden-Kunde hat also ein Problem und Du servierst ihm die passende Lösung dafür – nämlich die Lösung, die Du entwickelt hast. Entscheidend ist dabei, dass Du ganz anschaulich demonstriert, wie das von Dir entwickelte Produkt zu einem konkreten Lösungsvorsprung führt. Je klarer dieser Zusammenhang bei Deinen Kunden ankommt, desto glaubwürdiger wird Deine Story!

Dabei musst Du gar nicht zwingend einen besonderen Vorteil gegenüber

Deiner direkten Konkurrenz haben. Dein Produkt muss nicht einmal anders sein als das Deiner Mitbewerber – denke etwa an den Versicherungsmakler und seine 352 Leitz-Ordner aus Kapitel 1. Entscheidend ist:

Du musst anschaulich demonstrieren, was Deine Mitbewerber nur behaupten!

Und wie machst Du das am besten? Nun, indem Du Dir von Deinen Kunden über die Schulter schauen lässt und ihnen einen authentischen Einblick in Deine Art zu denken und zu arbeiten gewährst. Und indem Du ihnen auch ehrlich von Stolpersteinen auf dem Weg zu Deinem wertigen Produkt erzählst. Kurz: Indem Du ihnen eine gute Story gibst, die sie unmittelbar anspricht.

Wenn Du verstanden hast, was ich eben beschrieben habe, bist Du marketingtechnisch schon sehr weit gekommen! Ganz ehrlich: Der Rest ist »nur« noch Handwerkszeug und konkrete Ausführung. Dennoch, wenn es dann um die konkrete Ausführung geht, stehen die meisten Leute zuerst einmal ziemlich ratlos da. Auch ich habe lange gebraucht, bis ich einen Weg fand, Theorie und Praxis sinnvoll zusammenzubringen. Gerade in meinen Anfängen als Storytelling-Mentor musste ich immer wieder enttäuscht feststellen, dass meine Klienten zwar die Grundidee des Storytellings sofort begriffen, sich bei der konkreten Umsetzung dann aber mehr schlecht als recht von mir beraten fühlten.

In diesem Kontext erinnere ich mich noch lebhaft an einen jungen Mann, der am Ende eines meiner Seminare aufstand und mir eine sehr konkrete Frage stellte: »Herr Christiani, was Sie eben erklärt haben bezüglich Red Bull, Harley-Davidson und der Deutschen Bank, das leuchtet mir alles total ein. Doch ich bin Bäcker, und wenn ich diese Einsichten ganz konkret auf meine Bäckerei übertrage, dann wird es schwierig. Ist der Typ, der morgens um halb 7 bei mir eine Schrippe kauft, etwa ein Held? Und mal ehrlich: Was hat dieser Typ denn eigentlich für ein Problem? Okay, er hat noch nicht gefrühstückt, hat Hunger und kauft darum bei mir ein

Brötchen. Aber ist das denn wirklich ein Problem, für das ich ihm eine ganz besondere Lösung anbieten kann? Und falls ja, bin ich wirklich ein sinnvoller Mentor, nur weil ich um vier Uhr schon in der Backstube stand und meine Brötchen gebacken habe? Und was für einen Plan kriegt der Kunde überhaupt von mir? Der kriegt sein Brötchen in die Hand und das war's. Und auf welche Reise begibt sich dieser Kunde überhaupt? Dass er danach rüber zur Bushaltestelle latscht und zur Arbeit fährt? Ist das wirklich die Story, die Sie meinen?«

Das war natürlich nicht die Story, die ich meinte! Aber das Beispiel dieses Bäckers zeigte mir einmal mehr, dass in meinem Coaching-Konzept noch ein zentrales Umsetzungselement fehlte. Wie lässt sich die sonnenklare Theorie des Storytellings ganz konkret auf eine Bäckerei übertragen? Oder auf einen Schornsteinfeger-Service? Oder einen Heilpraktiker? Diese Frage beschäftigte mich viele Tage und Wochen – doch plötzlich war der Damm gebrochen und ich hab's kapiert! Mir wurde nämlich klar, dass es einen wesentlichen Unterschied zwischen Hollywood-Stories und Business-Stories gibt! Was ich damit genau meine, das kommt jetzt.

Finde Deine Kernbotschaft

Gehen wir zuerst nach Hollywood. Wenn sich ein Steven Spielberg Gedanken über die Umsetzung seines nächsten Films macht – zum Beispiel ›Der weiße Hai‹ –, dann sitzt er an seinem Schreibtisch, vor sich ein leeres Blatt Papier, und wartet darauf, dass ihm brauchbare Ideen für den Film in den Sinn kommen. Er fragt sich vielleicht: »Hat der weiße Hai einen guten Charakter, frisst nur Kriminelle und ist wahnsinnig nett zu allen anderen Meeresbewohnern? Oder ist er eher demokratisch unterwegs und frisst gute und böse Menschen gleichermaßen? Und hat er immer Kohldampf oder nur einmal am Tag?« Natürlich muss es in jedem packenden Hollywood-Film auch einen Mentor geben – also fragt sich Steven Spielberg als Nächstes: »Wer ist in dem Film der Mentor? Vielleicht der Sheriff der Küstenstadt? Und welchen Charakter hat der Sheriff? Ist er vielleicht sehr pflichtbewusst und will seine Stadt vor dem gefährlichen weißen Hai beschützen? Oder gibt es da auch eine dunkle Seite in ihm? Hat er womöglich einen geheimen Vertrag mit einem Spielcasino und muss deswegen bei all seinen Rettungsaktionen aufpassen, dass seine illegalen Machenschaften nicht auffliegen?« Und so weiter und so fort.

Was ich damit sagen will: Alle Story-Skripte, die ein Hollywood-Regisseur, eine Krimiautorin oder der Produzent einer guten Fernsehserie entwickelt, sind Ideen-Skripte. Sie fangen bei null an. Bei einem weißen Blatt Papier.

Und jetzt lass uns bitte wieder zurück zu dem Bäckermeister gehen, dessen entmutigte Frage mich damals so stark beschäftigt hatte. Einem Bäckermeister – und auch seinem Schreinerkollegen oder einer Hebamme – fällt es so schwer, eine richtig gute Story über sein Unternehmen zu erzählen, weil sein Blatt Papier eben nicht leer ist! Weil er schon seit über zehn Jahren seine Bäckerei hat, über 40 verschiedene Brotsorten verkauft, schon endlos viele Werbeflyer drucken ließ und in jedem Frühjahr eine Marketingkampagne initiiert. Über die Jahre hat er vielleicht mal diesen und mal jenen neuen Aspekt seiner Arbeit betont – mal Vielfalt, mal Qualität, mal Bio und mal Happy-Hour. Um bei der Metapher des Blatt Papiers zu bleiben: Im Business-Kontext stehen auf dem Papier schon zahlreiche Botschaften auf dem Papier, manche sicher wertvoller als andere, aber eben schon eine Menge Holz.

Es lag eigentlich immer auf der Hand, und dennoch hat es sehr lange gedauert, bis da bei mir der Groschen gefallen ist: Für Business-Stories braucht es kein Leeres-Papier-Skript, sondern ein Skript, das aus den vielen schon bestehenden Informationen die wichtigsten Informationen herauskristallisiert. Ein Skript, das die Spreu vom Weizen trennt. Ein Skript, das geduldig den ganzen Informationsmüll aus Deiner Unternehmenskommunikation filtert, bis am Ende der goldene Schatz Deines Unternehmens in all seiner Pracht erkennbar ist. Kurz: Für Business-Stories brauchst Du ein *Filter-Skript*!

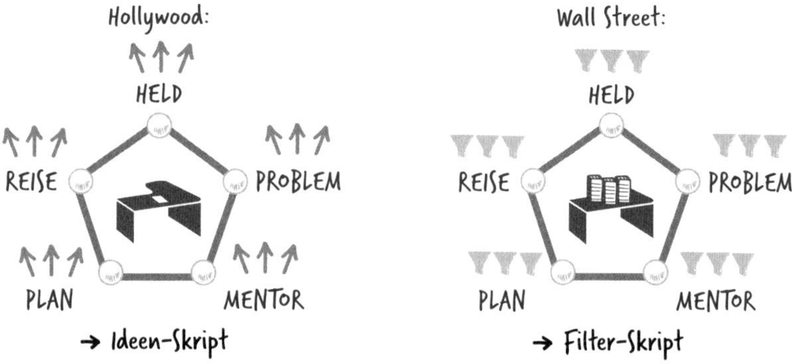

Abbildung 13: Beim Hollywood-Skript (links) beginnt der Storyteller komplett bei null und entwickelt sukzessive eine packende Geschichte. Da die meisten Unternehmen jedoch schon eine lange Vorgeschichte haben, braucht es fürs Business-Storytelling ein »sortierendes« Skript, das heißt ein Filter-Skript (rechts).

Du brauchst nicht die dreißigste oder hundertste Marketing-Kampagne. Vielmehr musst Du Dich fragen, was in all Deinen bisherigen Geschichten gleich geblieben ist. Was Dich und Dein Unternehmen im Kern ausmacht! Was sind die entscheidenden Werte, für die Du gestanden hast, stehst und immer stehen wirst? Wenn es Dir gelingt, die Antwort auf diese Frage in einer klaren und konsistenten Botschaft zu formulieren, wirst Du auch Deine Kunden im Herzen ansprechen und nicht nur an der unverbindlichen Oberfläche.

Das beste Anschauungsbeispiel dafür ist Apple, da wiederhole ich mich gerne. ›Think different‹ – das ist die zentrale Haltung, für die Apple stand, steht und immer stehen wird. Apple ist das Unternehmen mit stilvoller Technik für die freidenkenden Menschen, für Kreative, für die Rebellen dieser Welt! Solch eine Botschaft gibt es bei Samsung und vielen anderen Unternehmen nicht. Klar haben diese anderen Unternehmen ebenfalls eine Menge Produkte und Millionen Kunden, und natürlich verdienen viele von ihnen ebenfalls Milliarden. Aber im Gegensatz zu

Apple stehen sie im Kern für nichts, sind gewissermaßen austauschbar. Und wer will mit seinem Unternehmen schon austauschbar sein?

Wenn Du ein ehrbarer Unternehmer mit hochwertigen Produkten bist, wirst auch Du in der Lage sein, den goldenen Schatz aus Deiner Unternehmenskommunikation herauszufiltern. Das Juwel, das Deine Unternehmensgeschichte in eine packende Story transformiert.

Mit dem Blockbuster StorySkript in ungeahnte Höhen fliegen

Jetzt, wo Du weißt, dass es ein Filter-Skript braucht, um Deine Business-Story herauszukristallisieren, habe ich eine gute Nachricht für Dich: Genau solch ein Filter-Skript habe ich auf der Basis meiner langjährigen Erfahrung als Storytelling-Coach für Dich entwickelt! Um Hollywood nicht ganz aus den Augen zu verlieren, habe ich dem Skript einen ganz besonderen Namen gegeben: Blockbuster StorySkript. Denn wenn Du Dich bei Deinen Stories an dieses Skript hältst, hat der innere Film, den die Story im Geist Deiner Kunden auslöst, absolute Blockbuster-Qualitäten, großes Storyteller-Ehrenwort!

Das Blockbuster StorySkript basiert auf John Lasseters berühmter Fünf-Punkte-Struktur – wie könnte es auch anders sein? Das Skript gibt Dir für jeden der fünf Story-Bausteine drei einfache Filter an die Hand, mit deren Hilfe Du Deine Story-Bausteine (Held, Problem, Mentor, Plan, Reise) zu einer klaren Botschaft mit maximaler Durchschlagskraft verdichten kannst. In Abbildung 14 siehst Du mein Blockbuster StorySkript im Überblick: Vieles davon klingt für Dich vermutlich ziemlich einleuchtend, manchmal fast selbstverständlich. Doch bitte glaube mir: Diese Methodik ist alles andere als selbstverständlich, und ich habe an diesen Bausteinen mehr als zwei Jahre getüftelt und optimiert, bis die Umsetzung mega-einfach war.

Übrigens: Wenn ich das Blockbuster StorySkript in meinen Gratis-Webinaren erkläre, fragen mich immer wieder Teilnehmer, warum ich all mein Wissen so bereitwillig preisgebe. Manche Teilnehmer mutmaßen sogar, dass ich wichtige Teile des Skripts bewusst verschweige. Doch ich verspreche Dir: Nein! Du kriegst das volle Programm – sowohl im Webinar als auch in diesem Buch. Das Blockbuster StorySkript, wie Du es in Abbildung 14 siehst, verwende ich exakt so in meinen Einzelcoachings. Wenn Du magst, lade es Dir gerne auf **www.story-magic.de/bonus** als PDF-Datei herunter. Ich empfinde es als meine Mission, ehrbare Kaufleute bei ihrem Durchbruch im Marketing zu unterstützen, und dafür stelle ich mein gesamtes Wissen zur Verfügung.

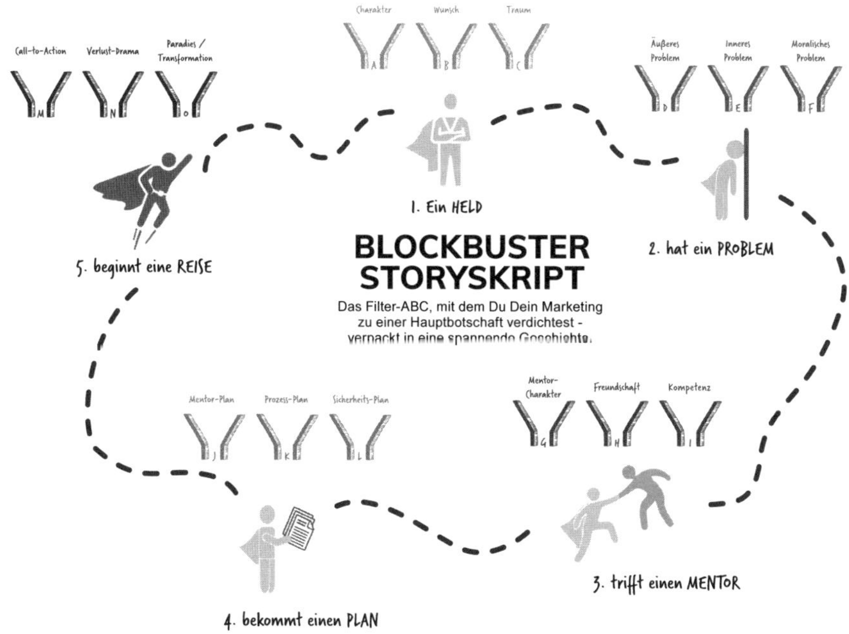

Abbildung 14: Das Blockbuster StorySkript hilft Dir, die verschiedenen Story-Bausteine zu einer glasklaren Botschaft mit maximaler Durchschlagskraft zu verdichten.

THE STORY OF A STORY

Kürzlich kam ein Unternehmer zu mir, der sich von seiner Agentur eine sogenannte Marken-DNA hatte erstellen lassen. Zu diesem Zweck hatte die Agentur 300 seiner Kunden befragt: Wie sehen Sie die Marke? Wie sehen Sie das Unternehmen? Finden Sie es dynamisch? Finden Sie es traditionell? Und so weiter. Anschließend erhielt der Unternehmer alle Analyseergebnisse in einem sechzigseitigen Dokument. Jedes Interview akribisch ausgewertet und der Markenkern lang und breit beschrieben. Und gekostet hat ihn der Spaß mal eben 200.000 Euro!

Im Gespräch sagte dieser Unternehmer zu mir: »Herr Christiani, was ich da von der Agentur gekriegt habe, ist bestimmt sehr wichtig. Aber unter uns, ich habe auf all diesen 60 Seiten keinen einzigen Satz gefunden, den ich auf meine Webseite schreiben könnte. Wie sollen meine Kunden da besser verstehen, wofür ich stehe?« Für etwa ein Zehntel des horrenden Agenturhonorars haben wir dann gemeinsam eine richtig gute Story-Lösung entwickelt. Und nun rate mal, was wir gemacht haben!? Genau, wir haben uns das in Abbildung 14 gezeigte Blockbuster StorySkript hergenommen und auf dessen Basis eine packende Story für das Unternehmen meines Klienten ausgearbeitet. Klar mussten wir hier und da auf seine speziellen Bedürfnisse und Anforderungen eingehen. Aber im Kern ist das Blockbuster StorySkript meine einzige Geheimwaffe!

Vielleicht fragst Du Dich: »Warum erzählt der Christiani sein wichtigstes Geheimnis so entspannt weiter?« Die Antwort auf diese Frage ist zentraler Bestandteil meiner Unternehmensphilosophie, meiner eigenen Business-Story: Wenn ich einen Neukunden kennenlerne, dann gebe ich meine Philosophie – meinen Mentor-Plan – frank und frei heraus. Warum? Stelle Dir mal vor, ich wäre Bergführer in Grindelwald, spezialisiert auf die Eiger-Nordwand. Und Du bist ein passionierter Bergsteiger aus Argentinien, der extra in die Schweiz geflogen ist, um diesen Mythos von einer Bergwand zu bezwingen. Wir lernen uns zufällig beim Mittagessen in einem Restaurant kennen, und Du erfährst, dass ich hier der Bergführer bin. Und dass ich schon über 40 Leute wie Dich die Eiger-Nordwand hinaufgeführt habe. Natürlich hast Du Dein Fernglas dabei, durch das wir uns nun gemeinsam die massive Felswand im Detail ansehen. Dabei meinst Du: »Mensch Alex, wenn Du Bergführer bist, kannst Du mir doch sicher zeigen, wie ich den Eiger am sichersten besteige, oder?« Und ja – natürlich kann ich Dir die Route genau zeigen. Vielleicht bist Du ein erfahrener Sportkletterer, vielleicht kletterst Du sogar doppelt so schnell wie ich. Vielleicht brauchst Du meine Begleitung überhaupt nicht und sagst zum Abschluss unseres Treffens lediglich: »Danke Alexander, jetzt kenne ich den Weg. Morgen früh bei Sonnenaufgang breche ich auf.«

Ganz analog könnten einige meiner Kunden sagen: »Danke Alex, jetzt habe ich Dein Blockbuster StorySkript. Ab jetzt kann ich selber laufen.« Aber die entscheidende Frage ist: Bist Du dieser extrem erfahrene Bergsteiger, der einfach alleine losmarschieren kann, sobald ihm jemand die Route auf einer Landkarte gezeigt hat? Oder bist Du eher ein motivierter Hobbybergsteiger, der großen Respekt vor diesem Berg und den dort lauernden Gefahren hat? Oben am Eiger ist es kalt und vereist, und wenn die Sonne den Fels auftaut, fliegen Steine gefährlich nah an der Marschroute vorbei! Wenn Du eher ein Bergsteiger dieser zweiten Kategorie bist, wirst Du Dir vermutlich sagen: »Nein, ich gehe lieber gemeinsam mit Alex los. Er hat mir den Weg zwar schon gezeigt, aber das heißt noch lange nicht, dass ich den Aufstieg komplett auf mich allein gestellt schaffen werde. Außerdem kann ich mir von Alexander sicher noch eine ganze Menge wertvolles Bergsteigerwissen abschauen!«

Wenn Du ein Coach oder Consultant bist, empfehle ich Dir wärmstens: Gib Dein bestes strategisches Knowhow heraus! Zeige allen Menschen, die ernsthaft an Deinem Angebot interessiert sind, Deinen Mentor-Plan in all seinen Details! Es wird immer genügend Leute geben, die erkennen, dass es klüger ist, ihr Ding mit Deiner Expertise durchzuziehen. Du musst nichts verschweigen und nichts anpreisen. Menschen, die von Deiner Story berührt werden, kommen am Ende unweigerlich zu Dir, weil sie mit Dir – mit Dir! – arbeiten wollen.

KAPITEL 6
FILTERE DIE ZENTRALE BOTSCHAFT HERAUS!

»Ein Plan, der nicht auf eine Seite passt, ist weder durchdacht noch entscheidungsreif.« (Dwight D. Eisenhower)

Im Sinne dieses Zitats des ehemaligen US-Präsidenten Eisenhower ist das Blockbuster StorySkript Dein Königsweg zu einem durchdachten und entscheidungsreifen Marketing-Plan. Es ist ein Filter-ABC, mit dessen Hilfe Du Dein Marketing zu einer Hauptbotschaft verdichten und in eine eingängige Geschichte verpacken kannst. Eine Story, die auf maximal einer DIN A4-Seite auf den Punkt bringt, wer Deine Kunden sind, welche Probleme sie haben, wer Du bist und wie Du Deinen Kunden bei der Lösung ihrer Probleme behilflich sein kannst. Und das Beste daran: Da das Blockbuster StorySkript auf exakt denselben Bausteinen wie alle erfolgreichen Hollywood-Blockbuster beruht, wird Deine Story genau dieselbe packende Wirkung entfalten und Deine Kunden in ihren Bann ziehen! So bekommen Deine Top-Produkte endlich die Nachfrage, die sie verdienen.

Wenn Du erst einmal eine richtig gute Story entwickelt hast, wird Dir diese Story als verlässliches Fundament für Dein gesamtes Marketing dienen. Denn Deine Webseite, Deine Landingpages, Deine Flyer, Deine Kampagnen-E-Mails und vieles mehr – sie alle werden (in jeweils angepasster Form) Deine Story erzählen, nicht mehr und nicht weniger. Ist Deine Story erst einmal im Kasten, erledigt sich der Rest fast von selbst! Darum mein Tipp an Dich: Nimm Dir genügend Zeit, um Deine Story so gut wie möglich zu machen. Die Story ist Dein Fundament, quasi die Bodenplatte Deines Hauses. Ich kann gar nicht stark genug betonen, wie wichtig es ist, dass Du Deine Story solide aufbaust.

Und wie machst Du das? Genau, indem Du zu verstehen lernst, wie das Blockbuster StorySkript mit seinen 15 Filtern im Detail funktioniert. Und wie es Dir hilft, Deine Unternehmensphilosophie in eine packende Geschichte zu gießen. Aber keine Sorge, das musst Du nicht alleine stemmen! Vielmehr werde ich Dir auf den nächsten Seiten detailliert erklären, was es mit all diesen Filtern auf sich hat. Und Du wirst anhand zahlreicher Praxisbeispiele sehen, wie Du möglichen Fallstricken geschickt aus dem Weg gehen kannst.

Jeder einzelne der 15 Filter erfüllt einen wichtigen Zweck. Lass uns zunächst mit einem ersten Rundflug beginnen, damit Du einen groben Überblick über die unterschiedlichen Wirkungsweisen der Filter bekommen kannst.

Filter A bis C: Wie sieht Dein Wunschkunde aus?

Erinnerst Du Dich noch daran, welche Rollen Dein Kunde und Du in einer gelungenen Marken-Story haben? Genau: Dein Kunde ist der Held und Du bist sein Mentor. Um Deinen Kunden zum Helden zu machen, musst Du über drei Filter nachdenken: Charakter, Wunsch und Traum.

Ich habe in der Vergangenheit viele andere Filter ausprobiert. Doch über die Jahre ist mir klargeworden, dass genau diese drei Filter dazu führen, dass eine Story Deine Kunden wirkungsvoll abholt. Mache es Dir darum zur Gewohnheit, Deine Kunden stets aus dem Blickwinkel der folgenden drei Kernfragen zu betrachten:

- Was macht den Charakter Deines Kunden aus?
- Was ist sein brennender Wunsch?
- Was ist sein großer Traum?

Wenn Du diese »neue« Sichtweise fest in Deinem Denken etablierst, wird sie wie ein sechster Sinn wirken und Du weißt immer schon im Voraus, was gut bei Deinen Kunden ankommt!

Vielleicht fragst Du Dich jetzt: »Meine Kunden haben eine unüberschaubar große Menge an Wünschen und Träumen, soll ich die denn alle in meiner Story unterbringen?« Mein Rat an Dich: Sprich nur diejenigen Wünsche und Träume an, die ganz konkret etwas mit Dir und Deinem Mentor-Plan zu tun haben. Denn nur dann kannst Du auf kompetente Art und Weise eine Erfüllung der Wünsche und Träume in Aussicht stellen! Natürlich triggern alle Wünsche und Träume das Interesse Deiner Kunden – doch nichts wirkt abschreckender als die Enttäuschung, die ein Kunde erlebt, wenn sich die in Aussicht gestellte Traumerfüllung dann doch als Fata Morgana entpuppt.

Die drei in Abbildung 15 gezeigten Filter A (Charakter), B (Wunsch) und C (Traum) werden Dir helfen, eine klare Zielgruppe für Deine Botschaft zu definieren. Denn seien wir ehrlich: Dein profundes Wissen kann sicher vielen Menschen in ganz unterschiedlichen Bereichen dienlich sein, vor allem wenn Du schon 20 oder 30 Jahre Berufserfahrung hast. Doch Du kannst es nicht allen Menschen recht machen! Überlege Dir also gleich zu Beginn, welche Kundengruppe Du hauptsächlich ansprechen möchtest, und richte dann Deine Story auf genau diese Zielgruppe aus. Dabei ist es gut, wenn Du Deine Zielgruppe so klar wie möglich definierst und diese eng eingrenzt. Falls sich später auch Kunden jenseits dieser Kerngruppe von Deiner Botschaft angesprochen fühlen, umso besser. Doch ich kann Dir aus eigener leidvoller Erfahrung bestätigen, dass Stories an Wirkung verlieren, wenn man sich verzettelt, weil man es allen Leuten recht machen will. Weniger ist mehr!

Neben Deiner konkreten Lösung ist die Zielgruppen-Definition der wichtigste Baustein Deiner Kommunikation. Arbeite klar heraus, für wen Deine Lösung vielversprechend ist – und für wen nicht. Je prägnanter Deine Zielgruppe, desto schneller und stärker Dein Durchbruch. Denk mal an Amazon: Wie ist Jeff Bezos damals gestartet? Richtig, mit Büchern. Und dann hat er sukzessive sein Sortiment erweitert und so ein immer breiteres Publikum angesprochen. Naja, der Rest ist Geschichte …

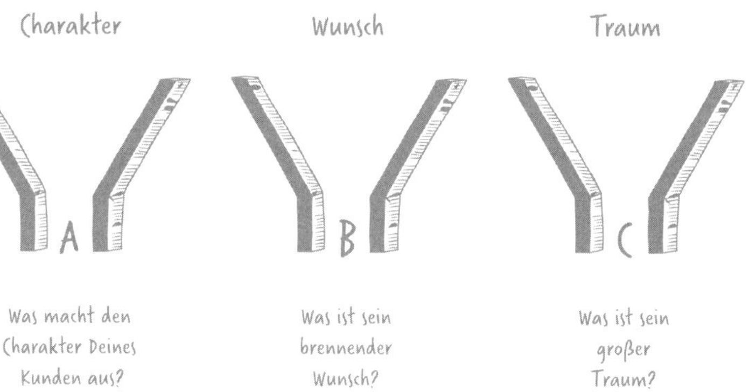

Abbildung 15: Die Filter A (Charakter), B (Wunsch) und C (Traum) helfen Dir, das Profil Deines Helden-Kunden zu schärfen. Wo kommt er her und wo will er hin?

Filter D bis F:
Auf das innere Erleben des Kunden kommt es an!

In der zweiten Phase des Blockbuster StorySkripts geht es um das Problem, das Deine Kunden beschäftigt und bei dessen Lösung sie sich Deine Unterstützung erhoffen. Jedes Problem lässt sich aus drei unterschiedlichen Perspektiven hinterfragen:

- Was ist das *äußere Problem* Deines Kunden?
- Was ist das *innere Problem* Deines Kunden?
- Was ist das *moralische Problem*?

Beginnen wir mit dem äußeren Problem. Dies ist der offensichtliche Knackpunkt, der sich an der Oberfläche zeigt und für den Deine Kunden eine praktische Lösung suchen. Vielleicht etwas wie »Wie kann ich nur endlich meine Buchhaltung so verbessern, dass mir das Finanzamt nicht immer mit tausend lästigen Rückfragen kommt?«.

Du erkennst an diesem Beispiel übrigens etwas ganz Wichtiges: Für jede spannende Story braucht es einen »Schurken«, der vermeintlich Schuld an den Problemen Deiner Kunden hat. Im eben genannten Beispiel schiebt der Kunde den kleinlichen Beamten beim Finanzamt den schwarzen Peter zu. Entsprechend hocherfreut würde er auf die Marketing-Story eines Buchhalters reagieren, die genau diesen äußeren Gegner geschickt aufgreift und kameradschaftliche Hilfe im »Kampf gegen das böse Finanzamt« in Aussicht stellt.

Dann gibt es das innere Problem, also den emotionalen Frust, den Dein Kunde wegen des äußeren Problems erfährt. Das innere Problem wirkt sehr viel stärker als das äußere Problem und ist häufig der Grund für die schlaflosen Nächte Deiner Kunden. Die Unterscheidung zwischen äußerem und innerem Problem ist extrem wichtig! 99 Prozent Deiner

Wettbewerber beschreiben in ihrem Marketing lediglich das äußere Problem, sprich das offensichtliche und oberflächliche Problem. Doch was Deine Kunden noch viel mehr motiviert, einen Deal mit Dir einzugehen, ist die Hoffnung, dass Du ihr inneres Problem lösen kannst! Im eben beschriebenen Beispiel könnte das innere Problem dieses speziellen Kunden vielleicht sein, dass er vor lauter Verwaltungstätigkeiten seine Familie vernachlässigt und sehr unglücklich über die enttäuschten Gesichter seiner Kinder ist, wenn er wieder einmal ihren Wunsch nach einem Wochenendausflug ausschlagen muss, weil er noch dringend die Umsatzsteuervoranmeldung erledigen muss.

Selbstverständlich möchten alle Kunden, dass auch ihr äußeres Problem gelöst wird. Logisch, wer will das nicht? Doch vor allem wollen Kunden, dass Du ihnen ihren Stress beziehungsweise ihren Frust nimmst! Indem Du das innere Kundenproblem ebenfalls zum Thema Deiner Story machst, kommst Du direkt auf die Marketing-Überholspur! Aber Achtung: Das innere Problem wird selten offen kommuniziert, weil Menschen ungerne darüber sprechen. Wenn Du es jedoch richtig erspürt hast, wirkt seine Benennung umso mehr!

Neben Außen und Innen gibt es noch eine dritte Problemfacette: das moralische Problem. Hier wird das Gerechtigkeitsempfinden des Kunden angesprochen und bestärkt. Welche Grundsätze und Werte stecken hinter dem Problem? Welche Diskrepanz gibt es zwischen der idealen und der realen Welt? Wie würde eine gerechte Welt für Deinen Kunden aussehen?

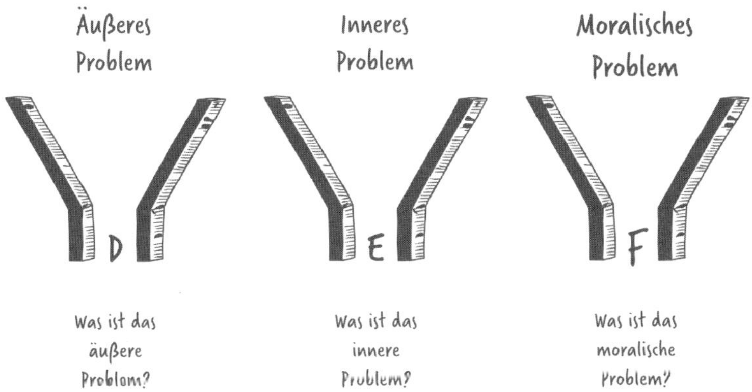

Abbildung 16: Die meisten herkömmlichen Marketing-Kampagnen adressieren lediglich das äußere Problem eines Kunden (Filter D). Story-Marketing ist unter anderem deshalb so wirkungsvoll, weil es auch eine Lösung der inneren beziehungsweise moralischen Probleme anbietet (Filter E und F).

Filter G bis I:
Deine Mentor-Qualitäten sind gefragt!

Ein kurzer Blick auf Abbildung 14 zeigt Dir, dass nun die Rolle des Mentors drankommt. Mit anderen Worten: Jetzt geht es um Dich und Deine Botschaft! Meine Empfehlung: Stelle Dich freundlich, aber nicht aufdringlich als Mentor vor und beschreibe klar und deutlich, warum ein potenzieller Kunde Deinem Mentor-Plan vertrauen kann. Drei Filter helfen Dir, Deine Persönlichkeit optimal darzustellen: Mentor-Charakter, Freundschaft und Kompetenz. Die zugehörigen Fragen, die Du Dir selbst stellen kannst, lauten wie folgt:

- Was zeichnet Deinen Charakter aus?
- Welche Gemeinsamkeiten hast Du mit Deinem Kunden?
- Was macht Dich als Mentor kompetent?

Beginnen wir mit dem Charakter. Damit meine ich: Für welche Werte stehst Du? Warum tust Du, was Du tust? Was treibt Dich an? Dazu ein Beispiel von mir: Immer wieder werde ich gefragt, wie ich mit meinen ausführlichen Gratis-Webinaren Geld verdiene. Nun, meine kostenfreien Beratungsangebote sind eine Art Kostprobe für ein individuell zugeschnittenes Coaching. Nicht jeder will so intensiv arbeiten, wie ich das mit meinen Kunden tue. Nicht jeder will so sichtbar mit Stories werden wie viele meiner Kunden. Doch indem ich in den Gratis-Webinaren meinen Charakter und meine Werte ganz offen zeige, fühlen sich diejenigen Menschen, die meine persönliche Art und meine Herangehensweise mögen, intuitiv angesprochen. Sie denken dann vielleicht: »Wow! Was Alex da erzählt hat, ist spannend und hat wirklich Hand und Fuß. Und er erklärt alles so anschaulich, dass ich mich super abgeholt gefühlt habe. Ich habe hier durch ein paar Stunden Gratis-Content über Story-Marketing mehr gelernt als in anderen Kursen, für die ich viel Kohle ausgegeben habe! Wenn ich hier schon in sechs Stunden so viel lerne, was kann ich dann erst erreichen, wenn ich 60 Stunden intensiv mit Alexander zusammenarbeite?« Mit anderen Worten: Ein Kunde, der auf diese Weise zu meinen Angeboten findet, weiß, was er bei mir erwarten kann. Somit kann er gut einschätzen, ob er mich als Mentor an seiner Seite haben möchte oder nicht.

Erfahrungsgemäß tun sich Menschen sehr schwer, ihren Charakter und ihre Motivationen zu beschreiben. Was treibt mich an? Warum tue ich, was ich tue? Für welche Werte stehe ich? Wie stelle ich mich überzeugend dar, ohne dass es überheblich oder gar protzig klingt? Dazu will ich Dir eine kleine Geschichte erzählen: 2019 veranstaltete Greator, damals noch unter dem Namen ›Gedankentanken‹, in Köln eine Live-Veranstaltung mit Nikolai Ladanyi, dem deutschen Herausgeber des Buches ›Scaling Up‹ von Verne Harnish. (Wenn Du an Wachstum interessiert bist, kann ich Dir dieses Buch wärmstens empfehlen.) Als es irgendwann um die Frage ging, was Menschen im Kern antreibt, hat Nikolai Ladanyi etwas Fantastisches erklärt: dass nämlich das berühmte ›Why‹ aus dem Englischen immer mit ›Warum‹ übersetzt wird (zum damaligen Zeitpunkt übrigens auch meine gängige bevorzugte Übersetzung), man es aber durchaus auch mit ›Wofür‹ übersetzen kann. Na, merkst Du was? Genau, die Frage nach dem Warum ist immer vergangenheitsorientiert. Doch vielleicht gibt es in Deiner Vergangenheit nichts, das Dich antreibt – und darum tust Du Dich so schwer damit, Dein persönliches Warum zu finden. Die Frage nach dem Wofür hingegen ist zukunftsorientiert. Wofür stehst Du jeden Tag auf? Was möchtest Du in der Zukunft ändern? Welche Delle willst Du ins Universum hauen? Diese geniale Unterscheidung von Nikolai Ladanyi ist für mich ein absoluter Segen und vereinfacht mir seitdem das Leben, wenn es um den Charakter des Mentors geht.

Okay, lass uns mal annehmen, dass Du nun Deinen Mentoren-Charakter schlüssig dargelegt hast. Zusätzlich ist es natürlich wichtig, dass Dein Kunde Dich auch mit freundschaftlichen Gefühlen besetzen kann. Wenn Du zwar weise, aber völlig unnahbar rüberkommst, wird Dein Kunde vielleicht ehrfürchtig zu Dir emporblicken, sich aber vor lauter Ehrfurcht nicht trauen, Dich zu kontaktieren. Kurz: Die berühmte Chemie muss zwischen Dir und Deinen Kunden stimmen.

Aber Freund zu sein, das reicht im Business noch nicht. Bei aller Freundschaft: Die klare Demonstration Deiner Kompetenz darf natürlich nicht fehlen! Dies könntest Du zum Beispiel tun, indem Du auf Deine Ausbildung oder auf Zertifikate verweist. Dabei ist jedoch wichtig, dass Du ein gutes Gleichgewicht aus Sympathie und Kompetenz findest, damit Deine Kunden sich bei Dir rundum gut aufgehoben fühlen. Nur so können sie sicher sein, dass Du in der Lage bist, sie bei der Lösung ihres Problems mit Rat und Tat und auf Augenhöhe zu unterstützen.

In Abbildung 17 siehst Du die drei relevanten Filter G (Mentor-Charakter), H (Freundschaft) und I (Kompetenz) nochmals gemeinsam mit den zugehörigen Kernfragen.

Abbildung 17: Deine eigene Positionierung und Deine Beziehung zum Kunden erwachsen aus den Filtern G (Mentor-Charakter), H (Freundschaft) und I (Kompetenz).

Filter J bis L: Gut geplant ist halb gewonnen

Nun kennt der Kunde seinen Mentor – also Dich – und hat entschieden, dass der Mentor kompetent, zugewandt und vertrauenswürdig rüberkommt. Klar, dass der Kunde als Nächstes wissen will, welchen konkreten Plan der Mentor für ihn aus dem Ärmel schüttelt, oder?

Zunächst einmal ganz klipp und klar: Der Plan ist Deine Lösung, also Dein Produkt oder Deine Dienstleistung. Der Plan ist das, was Du Deinem Kunden konkret an die Hand gibst. Um Deinen Plan so ansprechend wie möglich zu gestalten, kannst Du Dich dreier Filter bedienen: dem Mentor-Plan-Filter (J), dem Prozess-Plan-Filter (K) und dem Sicherheits-Plan-Filter (L). Die entsprechenden Kernfragen lauten:

- Wie sieht Dein Plan aus, um das Problem Deines Kunden zu lösen?
- Wie sieht der Ablauf Eurer Zusammenarbeit aus?

- Wie kannst Du das Risiko Deines Kunden bei seiner Entscheidung minimieren?

Der Mentor-Plan ist Deine Antwort auf das Problem Deiner Kunden. Wichtig hierbei ist, dass Du bei der Formulierung des Mentor-Plans ganz konkret bleibst. Wo liegt der Mehrwert Deiner Produkte oder Dienstleistungen? Welchen objektiven und welchen subjektiven Nutzenvorsprung haben Deine Kunden, wenn sie Deinem Mentor-Plan vertrauen?

Der Prozess-Plan ist nichts anderes als eine Beschreibung, wie die Zusammenarbeit zwischen Dir und dem Kunden praktisch abläuft. Er beschreibt also den Weg, den Du gemeinsam mit dem Kunden gehst, um ihm zur gewünschten Lösung zu verhelfen. Dir selbst mag völlig klar sein, wie das abläuft – schließlich hast Du diesen Prozess schon unzählige Male durchlaufen. Doch wie sieht es bei Deinen Kunden aus? Meine Erfahrung ist: Wenn Deine Kunden sich in einem inneren Film ganz konkret vorstellen können, wie Eure Zusammenarbeit abläuft, dann steigt die Abschlusswahrscheinlichkeit deutlich an.

Der Sicherheits-Plan ist eng mit Deiner Basisqualität als ehrbarer Kaufmann, als ehrbare Kauffrau verknüpft. Wenn ein neuer Kunde Dich noch nicht persönlich kennt, geht er mit seiner Entscheidung für Dich und Dein Produkt ein gewisses Risiko ein. Dieses Risiko solltest Du so stark wie möglich eingrenzen, zum Beispiel in Form von Rückgabegarantien, falls Dein Produkt die Erwartungen eines Neukunden nicht erfüllen sollte. Gib Deinen Kunden das sichere Gefühl, dass Du um ihre Unsicherheit weißt und sie sich Dir nicht blindlings ausliefern müssen. Wie kannst Du ihre Einstiegshürde so niedrig machen, dass sie Dich quasi ohne jedes Risiko kennenlernen können?

Gib Deinen Kunden die Gelegenheit, sich vorbehaltlos von Deinen ehrbaren Motiven zu überzeugen. Selbst wenn Du dabei bezogen auf einzelne Kunden manchmal kein Geschäft machst, wirst Du damit auf lange Sicht gewinnen. Denn durch die niedrige Risikoschwelle wirst Du insgesamt viel mehr Kunden gewinnen als die wenigen, die Du zum Beispiel verlierst, wenn sie von Deiner Rückgabe-Garantie Gebrauch machen.

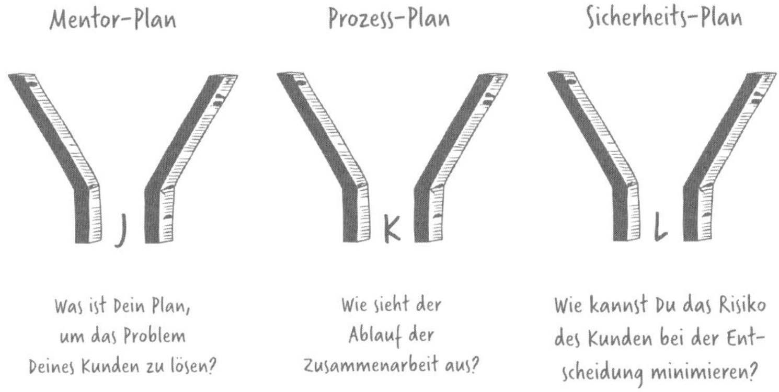

Abbildung 18: Ein Mentor ist immer nur so gut wie der Plan, den er seinem Schützling unterbreitet. Kommuniziere Deinen konkreten Lösungsvorschlag mithilfe der Filter J (Mentor-Plan), K (Prozess-Plan) und L (Sicherheits-Plan).

Filter M bis O:
Der Aufruf zu einer besseren Welt und die Reise Deines Kunden

Die letzten drei Filter des Blockbuster StorySkripts heißen Call-to-Action (M), Verlust-Drama (N) und Paradies/Transformation (O). Klingt kompliziert? Ist es aber nicht! Konkret geht es um folgende drei Kernfragen:

- Wie forderst Du Deinen Kunden zum Handeln auf?
- Was steht für Deinen Kunden auf dem Spiel?
- Wie sieht das Paradies aus, das ihn im Fall einer Entscheidung für Dein Produkt erwartet?

Der Call-to-Action ist eine explizite Aufforderung an Deinen Kunden, genau jetzt zu handeln. Nicht zögern und nochmals alles bedenken, sondern dem Bauchgefühl folgen und eine Entscheidung treffen! Denke nochmals an den Versicherungsmakler aus Kapitel 1, der am Ende seines Videos freundlich sagt: »Und deswegen würde ich mich freuen, in naher Zukunft hier unten rechts den 353. Ordner aufzustellen – mit Ihren Unterlagen.« Das ist ein exzellenter Call-to-Action! Klar und direkt, aber nicht übergriffig ...

Doch selbst wenn Du einen klasse Call-to-Action hast: Viele Menschen können sich trotzdem noch nicht entscheiden. Sie denken vielleicht: »Ich habe das noch nie gemacht. Soll ich den Vertrag jetzt abschließen oder nicht? Ist das wirklich gut für mich?« Das ist der Moment, in dem Du Deine Kunden emotional ansprechen und ihnen frei nach dem Motto ›Weg von der Pein und hin zum Vergnügen‹ ein wenig auf die Sprünge helfen musst. Das kannst Du zum Beispiel so formulieren: »Wenn Du Dein Problem nicht bald löst, weder mit mir noch mit jemand anderem, dann hat dies in der Zukunft diese und jene Konsequenzen. Das Problem wird durch Dein Zögern also möglicherweise noch verschlimmert.« Oder umgekehrt: »Wenn Du Dich für XY entscheidest, bist Du endlich

Dein äußeres Problem los und die Weichen in eine positive Zukunft sind gestellt!«.

Doch es geht noch weiter. Denn wie ich schon sagte: Das äußere Problem ist eigentlich nur eine Symptombehandlung, während der Kern des Problems Deiner Kunden in deren Innerem liegt! Wenn Du Deinen Kunden also glaubhaft vermitteln kannst, dass Du ihnen bei der Lösung ihres inneren Problems behilflich sein kannst, werden sie sich mit ihrer Entscheidung soooo viel leichter tun! Denn damit stellst Du ihnen in Aussicht, dass ihre Entscheidung eine transformative Wirkung hat, also zu einer Weiterentwicklung ihrer Persönlichkeit führt. Dies ist ein ganz entscheidender Punkt! Persönlichkeitsentwicklung ist eines der wichtigsten Lebensziele von Menschen. Wenn Deine Kunden verstehen, wie Dein Produkt ihnen hilft, ein besserer Mensch zu werden – auf welcher Ebene auch immer –, dann sind sie gerne bereit, darin zu investieren.

Apple's genialer Slogan ›Think different‹ ist das beste Beispiel dafür. Er suggeriert Apple-Nutzern nämlich, dass sie in ihrem Denken freier und flexibler werden – dass sie die engen Begrenzungen ihres Alltags überwinden und geniale neue Einfälle haben können –, wenn sie mit diesem PC ihre Arbeit erledigen. Dabei scheint an dem Slogan wirklich etwas dran zu sein, wie die enorme Verbreitung von Apple-Produkten in der Designer- und Kreativszene beweist. Apple macht seinen Kunden also keine haltlosen Versprechungen, sondern weist sie lediglich auf die offenbar sehr kreativitätsfördernde Wirkung ihrer Produkte hin.

Und noch ein Beispiel: Angenommen, Du bist Chiropraktiker und behandelst über Wochen eine Patientin mit chronischen Rückenschmerzen. Dann ist es natürlich großartig, wenn deren Schmerzen am Ende Deiner Behandlung komplett weg sind. Endlich kann die Patientin wieder ihren dreijährigen Enkel auf den Arm nehmen, ohne Angst vor dem nächsten Hexenschuss haben zu müssen! Das äußere Problem – die Rückenschmerzen – ist also gelöst. Aber welche Wirkung hat Deine Behandlung im Inneren der Patientin? Nun, vorher dachte sie vielleicht, sie sei eine

Rentnerin, die endgültig zum alten Eisen gehört und für ihre Enkelkinder nicht mehr interessant ist. Und nach Deiner Behandlung erfährt sie plötzlich eine völlig andere Lebensqualität! Mit den Enkeln herumtollen, das wäre doch was! Und von wegen rüstige Rentnerin, den Jungspunden werde ich zeigen, was ich noch alles leisten kann! Merkst Du was? Da geht es nicht nur um objektive Beschwerden, sondern um einen ganzen Lebensentwurf! Und genau das gehört in Deine Story rein. Für dieses Paradies – diese Transformation hin zu einem lebenswerten Leben – greifen die meisten Menschen gerne tief in die Tasche.

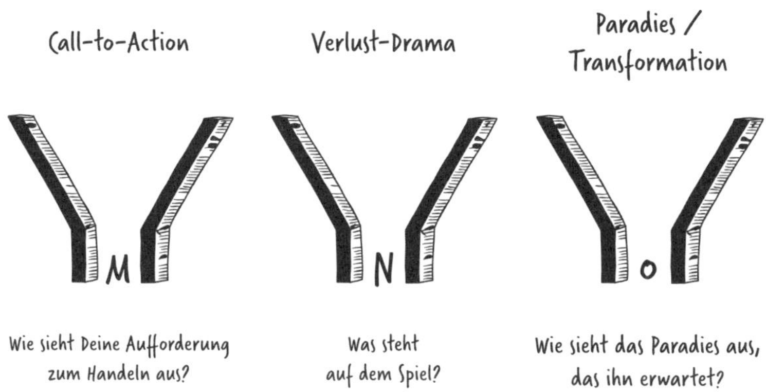

Abbildung 19: Am Ende einer guten Story werden die Zuhörer aufgefordert, sich klar zu positionieren. Am besten gelingt das, indem Du eine konkrete Aufforderung (Call-to-Action, Filter M) benennst und anschließend die – positiven wie negativen – Folgen einer Entscheidung benennst, das heißt eine Beschwörung des Verlust-Dramas (Filter N) und eine rosige Aussicht auf das Paradies (Filter O).

Zum Abschluss habe ich alle 15 Filter zusammengefasst, damit Du sie Dir bestmöglich einprägen kannst:

Beschreibe Deinen Kunden als Helden und definiere Deine Zielgruppe mithilfe der drei Filter A (Charakter), B (Wunsch) und C (Traum). So wissen die Menschen, ob sie Dir zuhören sollen oder nicht.

Wecke dann das Interesse Deiner potenziellen Kunden, indem Du aus drei Perspektiven über ihre Probleme sprichst: äußeres Problem (Filter D), inneres Problem (Filter E) und moralisches Problem (Filter F).

Jetzt, wo Du die volle Aufmerksamkeit genießt, stellst Du Dich Deinem Kunden als sein Mentor vor, der ihn auf seinem Weg tatkräftig begleitet. Die entsprechenden Filter sind Filter G (Mentor-Charakter), H (Freundschaft) und I (Kompetenz).

Als Nächstes kommt das Herzstück Deiner Story: Deine einzigartige Lösung. Beschreibe Deinen Mentor-Plan (Filter J), zeige den konkreten Ablauf Eurer Zusammenarbeit im Prozess-Plan auf (Filter K) und erleichtere ihm seine Entscheidung durch einen ansprechenden Sicherheits-Plan (Filter L).

Zu guter Letzt braucht jeder Held einen Aufruf zum Handeln. Formuliere dazu einen starken Call-to-Action (Filter M) und führe Deinen Kunden in einem Verlust-Drama vor, was auf dem Spiel steht, wenn sie nicht handeln (Filter N). Zeige ihnen zudem auf, welches Paradies sie erwartet, wenn sie Deinem Aufruf folgen (Filter O).

Nochmal zur Erinnerung: Das vollständige Blockbuster Story-Skript kannst Du Dir gratis auf **www.story-magic.de/bonus** herunterladen! Dort findest Du auch ein Erklärungsvideo, in dem ich Dich im Detail durch diese Filter führe.

KAPITEL 7
DAS BLOCKBUSTER STORY-SKRIPT IN AKTION

»Ein Unternehmen ohne Geschichte ist ein Unternehmen ohne Strategie« (Ben Horowitz)

So, genug der Theorie. Lass uns nun das Blockbuster StorySkript anhand eines konkreten Beispiels durchgehen. Und welches Beispiel wäre besser geeignet als das StorySkript meines eigenen Unternehmens, Christiani Story-Marketing? Hier kenne ich mich bestens aus und kann Dir im Detail erklären, wie ich mithilfe der unterschiedlichen Filter unsere jetzige Marketing-Story erarbeitet habe. Also los!

Ein Held wird geboren

Zuerst möchte ich Dir beschreiben, wie meine idealen Kunden – also meine Helden – aussehen. Beginnen wir mit dem Charakter, aber nicht als billige Beschreibung frei nach dem Motto ›Gesundheitsbewusste alleinerziehende Mütter zwischen 30 und 40 Jahren mit zehn oder mehr Kilo Übergewicht, die ihre Ernährung korrigieren wollen‹. Vielmehr geht es mir beim Charakter darum, wie der Mensch tief drinnen tickt! Was ihn inspiriert, was ihn antreibt. Welche Werte er verkörpert.

Über meine idealen Storytelling-Kunden würde ich sagen, dass sie allesamt Unternehmer mit hochwertigen Produkten sind. Und sie sind Experten in ihrem Feld – ob nun als Architekt, Wissenschaftlerin, Anwältin, Ingenieur, Coach, Chiropraktikerin oder Bäckermeister. Meine Kunden sind also typischerweise Menschen, die eine außergewöhnlich hohe berufliche Kompetenz aufweisen. Eine weitere Gemeinsamkeit: Meine Kunden haben es satt, gegen schlechtere Mitbewerber am Markt zu verlieren. Diese ambitionierten Leute sind schlicht gefrustet, dass ihre überlegene Qualität zumeist übersehen wird und nur vergleichsweise wenige Menschen ihre Produkte kaufen.

So viel zum Charakter. Was die brennenden Wünsche meiner Kunden angeht, erhalte ich häufig folgende Antwort von ihnen: »Alex, mein Wunsch ist, dass ich nie mehr verkaufen muss!« Sie wünschen sich also, dass ihr Marketing so gut ist, dass die richtigen Interessenten anrufen, ihnen ein paar Fragen stellen, die meine Kunden als Experten leicht beantworten können, und anschließend sagen: »Wunderbar! Lassen Sie uns gemeinsam loslegen!«. Kurz: Der brennende Wunsch meiner Kunden ist, dass ihr Telefon regelmäßig klingelt beziehungsweise ihre Inbox voller Neukundenanfragen ist.

Aber da ist noch mehr. Meine idealen Kunden haben nämlich einen gewissen Grundehrgeiz. Sie wollen gerne der beste Malermeister oder die angesehenste Kieferorthopädin der Stadt sein. Sie wollen auf der Straße freundlich gegrüßt werden, weil hochzufriedene Kunden ihre Angebote wertschätzen. Ihr Traum? Eine starke Marke aufzubauen, die ihre Kunden begeistert und über Jahre hinweg ein stabiles Unternehmenswachstum gewährleistet.

Das sind also meine Kunden. Das sind die Menschen, für die ich meine Stories schreibe. Und selbstverständlich baue ich genau diese Qualitäten auch in meine Stories ein!

Sieh Dir auf unserer Webseite **www.story-magic.de/stories** gerne ein paar Stories meiner Kunden an – daran kannst Du viel über die Wirkung dieser ersten drei Filter des Blockbuster Story-Skripts lernen!

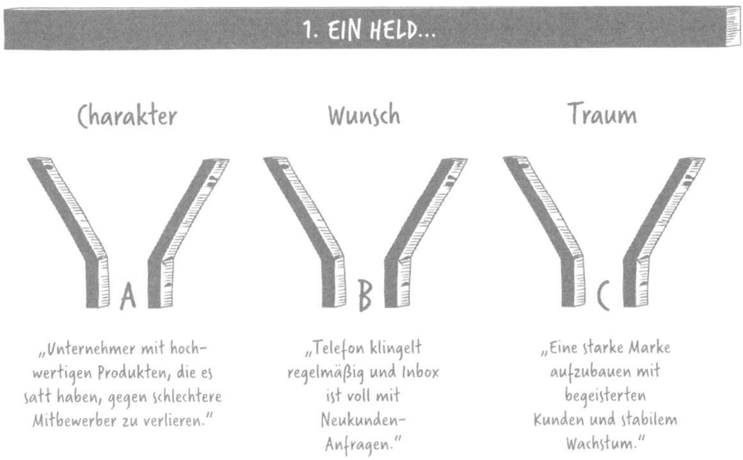

Abbildung 20: Die ersten drei Filter im Blockbuster StorySkript für den konkreten Fall meines eigenen Unternehmens, Christiani Story-Marketing. So sehen für mich Helden aus!

CarMax lässt grüßen – appelliere an das innere Problem

Prima, den Helden der Story haben wir schon einmal. Weiter geht es mit dem Problem des Helden. In meinem Fall ist Dir das natürlich längst klar, oder?

Das äußere Problem meiner Kunden besteht darin, dass der Nutzen-Vorsprung ihrer hochwertigen Produkte für Interessenten nicht klar erkennbar ist, weil alle Mitbewerber mehr oder weniger das Gleiche erzählen. Vielleicht hast Du derzeit auch noch eine Webseite, auf der »hochwertige Produkte«, »langjährige Erfahrung« und das übliche Drumherum angepriesen werden – und viel mehr erfährt ein potenzieller Kunde dort leider nicht über Dich. Genau so geht es vielen meiner Kunden, wenn ich sie zum ersten Mal treffe!

Doch warum haben meine Kunden dieses äußere Problem? Wie ich bereits erwähnte, ist eine Story gleich doppelt so spannend, wenn es einen gemeinsamen Gegner gibt. Indem Du einen Schurken in Deine Geschichte einbaust, legst Du einem Hauch von Gefahr in die Luft … und ehe sie sich's versehen, sind Deine mitfiebernden Kunden zu Deinen Verbündeten geworden. Das ist ein immenser Wettbewerbsvorteil für Dich, wenn es um Vertrauen und Sympathie geht!

Doch wer trägt nun in meinem Fall die Schuld an der bisherigen, ziemlich bescheidenen Kommunikation meiner Kunden? Wenn Du mich fragst – und meine Kunden bestätigen mir das fast täglich –, sind das auf den ersten Blick inkompetente Agenturen, die ihren Kunden immer wieder den gleichen Mist für viel Geld verkaufen, obwohl sie genau wissen, dass es ihren Kunden keinen einzigen neuen Kunden bringt. Das ist, als würde Dir eine Werkstatt neue Bremsen in Dein Auto einbauen, wohlwissend, dass die Bremse schon bei der ersten Vollbremsung versagt und Du an der Wand klebst. Die bittere Wahrheit ist, dass ich keinen einzigen Kunden habe, der mir begeistert von tollen Ergebnissen seiner Agentur berichtete. Da haben wir also einen prima Schurken für meine eigene Unternehmens-Story, der meine Kunden und mich zwangläufig zusammenrücken lässt!

Hinter diesem Schurken, dem meine Kunden gerne die Schuld für ihr ineffektives Marketing zuschieben, steckt allerdings ein weiterer Schurke, den meine Kunden am Anfang oft nicht sehen: Sie haben nämlich oft einen blinden Fleck und übersehen, dass es ihre höchstpersönliche Unternehmer-Aufgabe ist, herauszuarbeiten, was sie einzigartig anders machen und wodurch sie sich von ihren Mitbewerbern unterscheiden.

Indem ich diese Facette ebenfalls in meine Story einbaue, kann ich meinen Kunden einen Spiegel vorhalten und sie zu der Einsicht bewegen, welchen Teilbereich sie für ein effektives Marketing selbst gestalten können und sollten.

Wenn Du einer Agentur den roten Faden für Deine Kommunikation aufzeigst, dann kann Deine Agentur gut die technische Umsetzung für Dich übernehmen. Warum alles selber machen? Überlässt Du Deiner Agentur jedoch Deine Botschaft, dann wirst Du mit größter Wahrscheinlichkeit Schiffbruch erleiden. Dann wird Deine Botschaft in der Bedeutungslosigkeit versinken. Merke Dir also:

Die Entwicklung Deiner Botschaft ist Chefsache!

Nun zum inneren Problem meiner Kunden. Klarer Fall, das ist ihr Frust über den mangelnden Erfolg. Viele sagen: »Ich bin so ein versierter Experte, habe mich 20 Jahre lang um nichts anderes gekümmert als um die Qualität meiner Produkte. Und trotzdem finden meine Produkte nicht den Absatz, den sie verdienen!« Aber mal ehrlich: Wenn diese Menschen sich 20 Jahre ausschließlich um die Qualität ihrer Produkte gekümmert haben, dann bedeutet dies im Umkehrschluss, dass sie es versäumt haben, sich um ihr Marketing zu kümmern! Höchste Zeit, das zu ändern. Und genau diesen Gedanken spiegele ich meinen Kunden immer wieder aufs Neue. Dadurch beschränke ich mich nicht auf ihr äußeres Problem, sondern beziehe ihr inneres Problem direkt mit ein. Wenn Du das bei Deiner Story ebenfalls beherzigst, wirst Du sehen: In vielen Branchen kann man nur über diesen einen Filter an allen Mitbewerbern vorbeiziehen!

THE STORY OF A STORY

Ich möchte Dir das gerne an der Geschichte von CarMax illustrieren, einem amerikanischer Gebrauchtwagenfranchisehändler, der sich – das musst Du Dir auf der Zunge zergehen lassen – in weniger als 15 Jahren einen Börsenwert von über 15 Milliarden Dollar erarbeitet hat! Hallo? Noch vor 15 Jahren gab es CarMax überhaupt noch nicht, und heute machen die mehr Gebrauchtwagen-Umsatz als die ehemaligen Top-3 der US-Branche zusammen. Und wie machen die das? Tja, sie haben es brillant verstanden, die inneren Probleme ihrer Kunden zu adressieren!

Das äußere Problem von jemandem, der einen Gebrauchtwagen kaufen möchte, ist klar: Er braucht ein neuwertiges Auto – oder zumindest eines, das zuverlässiger funktioniert als sein aktuelles Fahrzeug. Und natürlich will er ein möglichst gutes Auto für einen möglichst geringen Preis. Womit werben folglich die meisten amerikanischen Gebrauchtwagenketten? Genau: »Hey, Du suchst einen Gebrauchtwagen? Wir haben eine riesige Auswahl! Wir haben über 500 Corvettes! Wir haben alle Farben, alle Formen, alle Baujahre und garantiert alles für Dein Budget!« Fein, das ist das äußere Problem – und vielleicht sogar die Lösung des äußeren Problems.

Die Firma CarMax hat nun einen völlig anderen Weg eingeschlagen. Die schreiben auf ihrer Webseite sinngemäß: »Warst Du schon mal bei einem Gebrauchtwagenhändler und hast das typische Gebrauchtwagenkäufer-Einkaufserlebnis in irgendeinem dubiosen Hinterhof gehabt? Hast Du da vielleicht jemandem gegenübergestanden, dessen Haare ein bisschen zu stark mit zurückgegelt waren, dessen Schuhe zu sehr glänzten und dessen Krawatte zu bunt war? Und hast du nach spätestens einer Stunde gespürt, dass der Typ Dich einfach nur volllabern will? Und habt Ihr irgendwann angefangen zu feilschen wie auf einem orientalischen Basar? Und bist Du am Ende womöglich stolz vom Hinterhof gefahren, weil du 5000 Dollar weniger bezahlt hast als ursprünglich auf dem Preisschild stand? Und hat dann Dein

Sohn zu Hause im Internet nachgeschaut und festgestellt, dass Du für das neue Auto immer noch mindestens 2000 Dollar zu viel auf den Tisch gelegt hast?

Und was noch viel schlimmer ist: Bist Du, als Du das erste Mal mit Deinem neuen gebrauchten Golf zur Arbeit fahren wolltest, mit einem Motorschaden liegen geblieben? Und Dir wurde schlagartig klar, dass man Dir eine Gurke angedreht hat? Tja – ist das wirklich das Gebrauchtwagen-Einkaufserlebnis, das Du verdienst? Oder verdienst Du nicht ein Einkaufserlebnis, das mindestens so gut ist wie bei einem Neuwagen? Wenn ja, dann komm zu CarMax. Wir haben überhaupt keine Verkäufer. Wir haben niemanden, der entscheidungsbefugt ist, an den Autopreisen zu drehen. Denn bei uns hast Du eine Bestpreis-Garantie. Jedes unserer Autos wird vor dem Verkauf vom amerikanischen TÜV untersucht, nach 118 hochpräzisen Kriterien. Und ein TÜV-Beamter, der selbst kein Verkäufer ist, legt den Marktpreis für dieses spezielle Auto fest. Das entsprechende Gutachten unterschreibt er mit seinem vollen Namen, da bleibt also nichts im Dunkeln. Zusätzlich geben wir Dir auf die gesamte geprüfte Technik eine Garantie von drei Jahren. Damit weißt Du von vornherein, dass Du ein hochwertiges Auto zum besten Preis bekommst.

Aber nicht nur das: Außerdem gibt es da noch unsere Service-Berater, die Dich durch die verschiedenen Hallen begleiten und Dir zeigen, welches Auto für Dich das richtige ist. Somit hast Du ein Einkaufserlebnis wie bei einem Neuwagen. Genau genommen sogar noch besser, denn Du kriegst dieselbe technische Garantie zu einem viel attraktiveren Preis. Und Du hast die Gewähr, dass Dir hier niemand irgendetwas aufschwatzen will.«

Das ist die Story, die CarMax seit 15 Jahren erzählt und die sie zur absoluten Nummer 1 im Gebrauchtwagenmarkt gemacht hat. An ihr erkennst Du sehr gut, wie gewaltig der Unterschied zwischen dem äußeren und dem inneren Problem ist! Und die Wettbewerber von CarMax? Tja, die haben das bis heute nicht kapiert und schreiben nach wie vor »Wir haben über 500 Corvettes – alle Farben, alle Baujahre, alle Budgets. Komm zu uns!« auf ihre Webseiten. Wer nicht will, der hat schon ...

Und zu guter Letzt: Was ist das moralische Problem meiner Kunden? Nun, in einer gerechten Welt bekommen die besten Produkte auch die meisten Kunden. So viel zur Theorie. Die Praxis sieht jedoch anders aus: Der Kunde kauft in der Regel nämlich nicht das beste Produkt, sondern er kauft ein gutes Produkt, das er sofort versteht. In unserer schnelllebigen Welt wollen wir uns nicht in Produktdetails hineinfuchsen. Entsprechend kommen viele exzellente Produkte einfach unter die Räder. Viele meiner Kunden empfinden das sehr ungerecht.

Du wirst gleich sehen: Mein Mentor-Plan greift dieses moralische Problem direkt auf und bietet eine elegante Lösung dafür an. So unterstütze ich meine Kunden dabei, ihre ideale Welt wahr werden zu lassen! Eine Welt, in der ihre hochwertigen Produkte die meisten Kunden gewinnen, und nicht die vielen schlechteren Konkurrenzprodukte, für die lauter getrommelt wird. Solch einer fairen Welt möchte ich zum Durchbruch verhelfen – im Interesse aller ehrbaren Unternehmer, aller Mitarbeiter und aller Kunden.

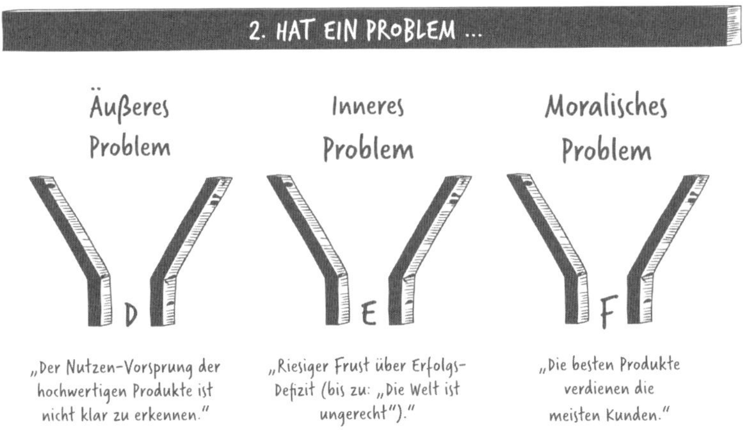

Abbildung 21: Hochwertige Produkte, aber nur wenig Absatz und noch weniger Anerkennung – so in etwa klingen die Probleme meiner Kunden.

Setze auf Gemeinsamkeiten mit Deinen Kunden

Weiter geht's mit dem Mentor-Charakter, also mit mir selbst in meiner Funktion als Storytelling-Coach. Auch hier muss ich nicht weit ausholen, denn meine Message an meine Kunden ist klar: Ich finde, dass die besten Produkte gewinnen sollten und nicht das beste Marketing. Mit anderen Worten: Ich bin mit Leib und Seele auf der Seite meiner Kunden!

Es gibt auf dieser Welt so viele großartige Experten mit so vielen genialen Angeboten: moderne Helden wie Dich. Wenn all diese Helden lernen würden, über Stories authentisch zu kommunizieren, würden sie mit ihren großartigen Lösungen für so viel mehr Kunden sichtbar – und in der Folge ganz sicher auch kaufbar! Dafür brauchst Du Deinen Kunden übrigens überhaupt nichts zu »verkaufen«: Vielmehr sagst Du ihnen einfach die Wahrheit und verpackst sie in eine spannende Geschichte. Geld gegen effektive Problemlösung – das ist sowohl für Dich als ehrbaren Kaufmann als auch für Deine Kunden eine absolute Win-Win-Situation. Mit diesem Gedanken kann ich mich voll und ganz identifizieren!

So viel zu meinem eigenen Charakter. Jetzt kommt mit dem Filter H ein enorm wichtiger Aspekt: Wie kann ein freundschaftliches Verhältnis zwischen mir und meinen Kunden entstehen? Du kennst ja sicher den Spruch: »Menschen würden am liebsten bei guten Freunden einkaufen.« Da ist viel Wahres dran. Bei einem guten Freund weißt Du genau, worauf Du Dich einlässt. Die entscheidende Frage ist, wie es einer Marke gelingt, eine Position einzunehmen, die mit der eines Freundes vergleichbar ist. Konkret: Wie gelingt es den Marketing-Abteilungen von Apple oder Mini Cooper, dass wir ihre Marken fast durchweg positiv, geradezu freundschaftlich besetzen? Wenn ich jetzt neben Dir sitzen würde, würde ich die Antwort auf diese Frage mit einem Leuchtmarker anstreichen – so wichtig ist sie:

Freundschaftliche Gefühle für eine Marke entstehen durch die Betonung außergewöhnlicher Gemeinsamkeiten.

Diese zentrale Einsicht will ich an einem Beispiel erläutern. Angenommen, Du kommst wie meine Mutter aus dem Rheinland und sprichst den typisch rheinischen Singsang-Dialekt. Solange Du Dich in Deinen Heimatgefilden bewegst, zum Beispiel auf dem Marktplatz in Bergisch-Gladbach, werden alle anderen zwar ähnlich sprechen, aber diese Gemeinsamkeit ist im Umfeld von Bergisch-Gladbach nicht außergewöhnlich.

Szenenwechsel: Du bist mit Deiner Familie im »Outback« – im australischen Hinterland – unterwegs und hast drei Wochen lang gefühlt zwei Millionen Schafe und ein paar Kängurus gesehen, aber kaum Menschen. Eines Abends – beim Lagerfeuer auf dem Campingplatz – hörst Du, dass vom Lagerfeuer nebenan rheinischer Singsang zu Dir rüberweht: Neugierig gehst Du rüber und sagst: »Mensch, wo kommt Ihr denn heeer?« »Mir komme aus Bergisssch Gladbacchhh«, kommt es zurück. »Neeeee, dat jibbet es ja jarnich. Aver wieso bejegnen wir uns ausjerechnet hiiier? Am anderen End' der Welt?« Und weiter geht's: »Wiiiieeee? Neeeeeein! Du warst auch am Johannes-Nepomuk-Gymnasium? Kennste den ollen Deutschlehrer Dr. Bosbach noch?«. Spätestens jetzt funkt Dein

Unterbewusstsein: Was für ein magischer Zufall! Welch außergewöhnliche Gemeinsamkeiten!

Wie gesagt, hättet Ihr zwei Euch in Bergisch-Gladbach auf dem Marktplatz getroffen, wäre mit allergrößter Wahrscheinlichkeit nichts passiert – selbst wenn Ihr beide den ollen Lehrer Bosbach kennen würdet. Doch im Schein des australischen Lagerfeuers sieht die Welt plötzlich ganz anders aus. Es fühlt sich vertraut für Dich an und Dein Unterbewusstsein signalisiert Dir: So viel krasse Gemeinsamkeiten auf einmal, das kann kein Zufall sein! Da habe ich vermutlich einen richtig guten Freund gefunden …

Genau aus diesem Grund ist es wichtig, dass Du in Deinen Stories Parallelen zwischen Dir und Deinen Kunden betonst. Im Idealfall denkt der Kunde dann: »Mensch, hier ist jemand, der mich total gut versteht, weil er wie ich tickt!«

Nun fragst Du – als mein potenzieller Kunde – Dich vielleicht, wo unsere Parallelen liegen. Und welche Gemeinsamkeiten habe ich mit einer Bäckermeisterin oder einem Versicherungsvertreter? Meine Antwort: In meiner ersten Karriere war ich Vorstandscoach für Konzerne, habe Menschen wie Timotheus Höttges, heute Vorstandsvorsitzender der Telekom, oder Jürgen Rüttgers, als er noch Oppositionsführer der CDU war, beraten. Doch irgendwann hatte ich die Welt der Machtzentralen satt. 2015 machte ich einen Cut und habe nochmal bei null angefangen. Ich hatte bis dahin mit einigen hochmotivierten Unternehmern vielversprechende Erfahrungen rund um die Wirkung von Storytelling gemacht. Und mir war klar, dass ich zukünftig möglichst vielen Unternehmer-Helden im Mittelstand all die großartigen Storytelling-Werkzeuge zur Verfügung stellen wollte. Doch ich hatte exakt dasselbe Problem wie Du und die Bäckermeisterin und der Versicherungsvertreter: Meine Storytelling-Projekte waren qualitativ enorm hochwertig, doch ich war in meiner neuen Zielgruppe noch ein absoluter Nobody. Niemand kannte mich, niemand hatte auf mich gewartet – und niemand konnte sich unter Storytelling so richtig was vorstellen. Oft bekam ich zu hören: »Stories sind etwas für Kinder. Damit kannst Du im Phantasialand punkten, aber doch nicht bei seriösen Unternehmern!« Mit anderen Worten: Ich kann genau nachempfinden, wie sich meine Kunden fühlen, wenn sie erwägen, erstmals auf Storytelling zu setzen. Ich war damals in genau der gleichen Position: Hätte mir jemand erzählt, dass ich binnen zwei Jahren (nach Ex-Bundeskanzler Schröder) zur Nummer 2 der bestbezahlten Speaker in Deutschland[10] aufsteigen würde (mit dem Honorar, das meine ersten 25 Webinare im Durchschnitt eingespielt haben) – ich hätte nur laut losgelacht! Aber wie Du siehst, hat es geklappt. Und bei Dir kann es ganz genauso laufen! Falls Du daran zweifelst, lass uns in einem kostenlosen Erstgespräch gerne herausfinden, woran es bei Dir noch hakt (**www.story-magic.de/beratung**).

[10] Der bestbezahlte Speaker ist übrigens unser Ex-Kanzler Gerhard Schröder. Aber das ist eine andere Geschichte.

Okay, nächster Filter: Kompetenz. Du erinnerst Dich sicher noch daran, dass Du Dir nicht dauernd selbst auf die Schulter klopfen und sagen sollst, dass Du der beste Typ mit den meisten Zertifikaten bist. Denn das ist für alle Zuhörer nur eines: gähnend laaaaangweilig! Demonstriere stattdessen Deine Kompetenz, indem Du auf die guten Resultate Deiner Kunden verweist!

Aus genau diesem Grund steht auf der Webseite von Christiani Story-Marketing der schöne Spruch: »Was spricht mehr für uns als unsere Kunden?!« In der Tat: Wir haben bereits mehr als 1500 Kunden in 8 Wochen durch unser Online-Coaching ›Blockbuster StorySkript‹ geführt; und in unserem Business-Mentoring-Programm haben wir mittlerweile über 750 Unternehmerinnen und Unternehmer über ein Jahr hinweg gecoacht, mit bahnbrechenden Erfolgen. Einige dieser Erfolgs-Stories habe ich an den Anfang dieses Buches gestellt, um Dir einen ersten Eindruck vom immensen Potenzial meiner Herangehensweise zu vermitteln. Auf unserer Webseite findest Du zahlreiche weitere Videos von hochzufriedenen Kunden.

Besonders stolz bin ich übrigens auf unsere Durchbruchs-Wand. Seit Mitte des Jahres 2020 drucken wir alle Durchbrüche, von denen uns Kunden per Whatsapp oder Email berichten, als Bilder aus und hängen sie an eine bestimmte Wand in unseren Büroräumen. Unser anfängliches Ziel: jeden Tag einen Durchbruch unserer Kunden feiern zu können. Was meinst Du, wie lange es gedauert hat, bis wir so weit waren? Drei Monate! Schon im November 2020 hatten wir unseren ersten »perfekten Monat« – jeden Wochentag einen Kundenerfolg.

Kurz und knapp:

Wir von Christiani Story-Marketing definieren unseren Erfolg – und damit unsere Kompetenz – ausschließlich über die Erfolge unserer Kunden.

Doch ganz ohne konkrete Kennzahlen geht es natürlich auch bei mir nicht. Hier sei also noch ergänzend erwähnt, dass ich mit Storytelling bereits in meinem zweiten Jahr einen siebenstelligen Jahresumsatz erzielt habe. Und dass sich durch die hohe Nachfrage auch mein Coaching-Honorar verdreifacht hat. Ich denke, das reicht aus, um Dir eine ganz grobe Orientierung zu geben, ob Storytelling für mich wirklich funktioniert.

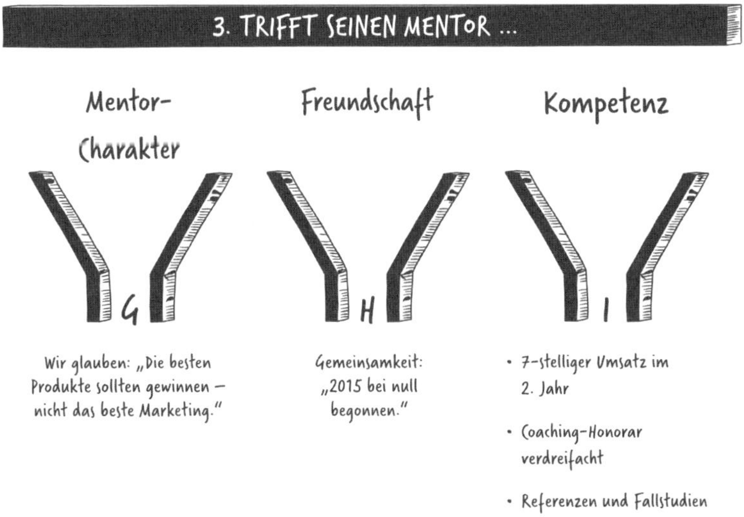

Abbildung 22: Mein Mentor-Charakter (Filter G) lehnt sich eng an das moralische Problem meiner Kunden an. Und auch bei den Filtern H (Freundschaft) und I (Kompetenz) fühlen sich meine Kunden offenbar gut von mir abgeholt.

30 Prozent mehr Umsatz – mein Mentor-Plan zeigt Wirkung

Jetzt geht's ans Eingemachte, und zwar meinen persönlichen Mentor-Plan. Der lautet schlicht und einfach:

Wir coachen ehrbare Unternehmer und zeigen ihnen konkret, wie sie ihre Kommunikation zu einer klaren Botschaft in Form einer spannenden Geschichte verdichten. Auf unserer eigenen Webseite kommen einige erfolgreiche Kunden von uns zu Wort. Rund 50 Unternehmen haben mir sogar gestattet, ihre Kennzahlen und Umsatzdurchbrüche im Kontext von Storytelling exemplarisch zu veröffentlichen. Damit wir uns recht verstehen: Von einem Durchbruch im Marketing spreche ich nur, wenn binnen sechs Monaten eine Umsatzsteigerung von mindestens 30 Prozent vorliegt. Und hey, bei den erwähnten 50 Unternehmen ist dies tatsächlich das Mindestergebnis, dass viele noch deutlich übertroffen haben. Diese Erfolge legen also nahe, dass mein Mentor-Plan tatsächlich aufgeht.

Und wie sieht mein Prozess-Plan aus? Allen Teilnehmern meiner Gratis-Webinare gebe ich den Hinweis auf mein 8-Wochen-Online-Coaching. Diesen Hinweis möchte ich auch Dir nicht vorenthalten. Bei diesem Programm erhältst Du jede Woche Coaching-Videos von mir, in denen ich die einzelnen Story-Filter genauer beleuchte. Auch umfangreiche Workbooks zur entsprechenden Ausarbeitung Deiner Story sind enthalten. Und dann gibt es noch acht Live-Webinare in Kleingruppen, bei denen Du gemeinsam mit einem erfahrenen StoryCoach Deine Ausarbeitungen feinpolieren kannst. Zum Abschluss des Coachings perfektionieren mein Team und ich Deine Story im Rahmen eines dreitägigen Live-Seminars – da wird dann an den allerletzten Details gefeilt. Und klick!, lädst du Deine persönliche Story auf Deiner Webseite hoch. Neukundenwelle ahoi!

Einen Sicherheits-Plan habe ich natürlich auch zu bieten. Der besagt ganz simpel, dass Du bei mir das halbe Coaching mit einer Geld-zurück-Garantie testen kannst, also ganze vier Coaching-Module und vier Live-Webinare. Sollest Du bis dahin feststellen, dass meine Herangehensweise nicht das Richtige für Dich ist, kannst Du jederzeit aussteigen und bekommst ohne Wenn und Aber Dein Geld zurückerstattet.

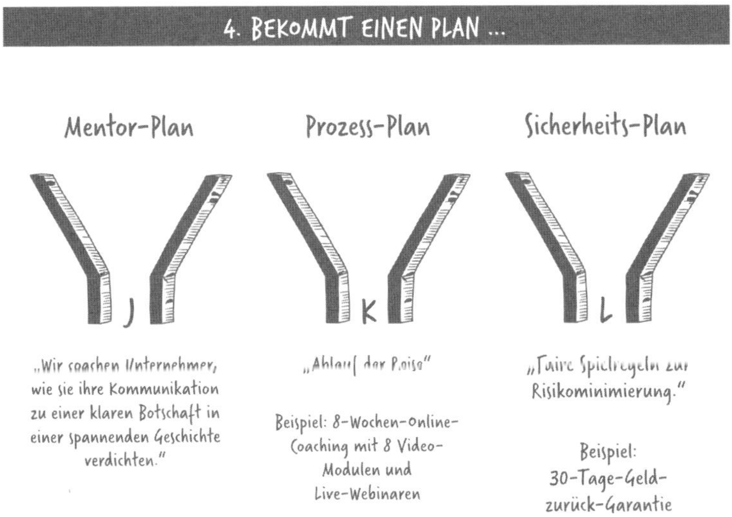

Abbildung 23: Das Ergebnis der Filter J (Mentor-Plan), K (Prozess-Plan) und L (Sicherheits-Plan) für den konkreten Fall von Christiani Story-Marketing.

Auf geht's ins Paradies!

Nachdem Du jetzt meinen Mentor-Plan und dessen konkrete Umsetzung kennst, schicke ich Dich – als meinen potenziellen Kunden – auf die Reise. Mein Call-to-Action für Dich und alle anderen Interessierten lautet: Verdichte mit all den Tools, die ich Dir bisher vorgestellt habe, Deine Kommunikation zu einer einzigen Hauptbotschaft – verpackt in einer spannenden Story!

Natürlich könntest Du erwidern: »Sorry, aber das ist mir zu viel Arbeit.« In diesem Fall führe ich Dir Dein ganz persönliches Verlust-Drama vor Augen: »Klar kannst Du so weitermachen wie bisher, mit Laber-Texten à la ›Top-Qualität und langjährige Erfahrung‹. Ich kann und will niemanden zu seinem Glück zwingen. Sei Dir aber darüber im Klaren, dass bei dieser Art von Marketing nicht nur mir, sondern auch den meisten Deiner potenziellen Neukunden vor Langeweile die Füße einschlafen. Du wirst also weiterhin gegen schlechtere Mitbewerber verlieren und schlimmstenfalls irgendwann komplett ohne Kunden dastehen. Schwupps, und Deine Expertise ist in der Bedeutungslosigkeit versunken! Willst Du das wirklich?«

Wenn Du jetzt sagst: »Nein, das will ich natürlich nicht!«, dann bestärke ich Dich gern in Deiner Umsetzungsabsicht. Denn ganz ehrlich: Aus meiner Sicht ist Storytelling derart wirkungsvoll, dass Du auf Dauer gar nicht vor der Entscheidung stehst, ob Du Storytelling einsetzen willst oder nicht! Ein kritischer Blick auf die Conversion Rates verschiedener Unternehmen in verschiedensten Branchen wird Dir vor Augen führen, wie verlässlich Story-Marketing ein Unternehmen auf die Erfolgsspur führt.

Damit erhält unsere Zusammenarbeit einen konkreten Maßstab, denn dank Google-Analytics können wir problemlos in Form eines Vorher-Nachher-Vergleichs Deiner Conversion Rates analysieren, ob sich auch bei Dir ein Story-Erfolg eingestellt hat oder nicht. Und dann werden wir gemeinsam feststellen, wie viel Kunden zusätzlich zu Dir kommen und welchen Zusatzprofit Du mit Deiner Story erwirtschaftest.

Das ist mein Versprechen an Dich: Wenn sich Deine Kunden vom Angebot auf Deiner Landingpage gefühlsmäßig angesprochen fühlen, wird sich mindestens einer von zehn bei Dir melden. Dann hast Du plötzlich eine Conversion Rate von 10 Prozent oder mehr. Dann läufst Du dem Erfolg nicht mehr hinterher, sondern Dein Erfolg begleitet Dich wie Dein eigener Schatten!

Natürlich verspreche ich Dir dabei nicht das Blaue vom Himmel herunter, sondern habe handfeste Belege für meine Prognose – und zwar in Form meiner eigenen Conversion Rates. Beispielsweise liegt bei den Anmeldungen zu unseren Webinaren die Conversion Rate zwischen 30 und 51(!) Prozent. Es klappt also wirklich, dass ich auf diesem Weg mit einem guten Preis-Leistungs-Verhältnis sehr viele potenzielle Kunden erreiche!

Apropos Preis: Stories brauchen kein finanzielles Extra-Budget. Du brauchst keine gesonderten Anzeigen zu schalten. Stories funktionieren immer und überall – egal ob auf Deiner Webseite, in Deinen Broschüren oder am Messestand. Und warum? Weil wir immer und überall mit unseren Kunden kommunizieren. Das Besondere an Stories im Internet ist lediglich, dass Du dort die Wirkung Deiner Stories direkt anhand der Conversion Rates messen kannst!

Aus meiner eigenen Erfahrung kann ich Dir nur wärmstens empfehlen:

Mache Dir die geniale Wirkung von Stories zu eigen und gewinne ab sofort mehr Neukunden als jemals zuvor, ohne einen Cent extra für Dein Marketing auszugeben.

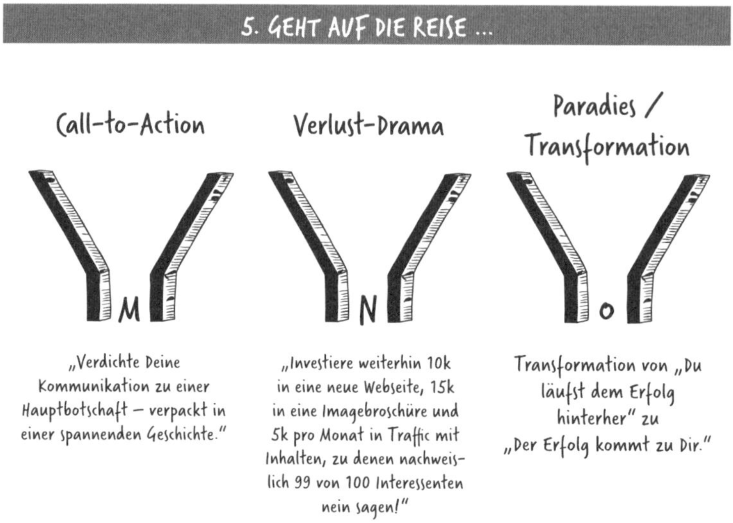

Abbildung 24: Die letzten Schritte auf der Heldenreise meiner Kunden – der Filter M (Call-to-Action) sendet ihnen nochmals einen Weckruf, und die Filter N (Verlust-Drama) und O (Paradies/Transformation) führen bestenfalls dazu, dass sich ein Interessent tatsächlich auf meine Story-Ideen einlässt.

Aus 15 Filtern wird eine Blockbuster Story

Okay! Damit sind wir die entscheidenden Punkte des Blockbuster Story-Skripts am Beispiel unseres Hauses durchgegangen. Jetzt fehlt nur noch ein letzter Schritt: die Filter zusammenfassen und in Story-Form gießen. Bist Du bereit für meine persönliche Blockbuster Story?

> *»Unsere Kunden sind Unternehmer mit hochwertigen Produkten, die es satthaben, gegen schlechtere Mitbewerber zu verlieren, die lauter schreien. Ihr innigster Wunsch ist es, dass das Telefon regelmäßig klingelt und ihre Inbox voller Neukundenanfragen ist. Ihr Ziel ist es, eine starke Marke mit begeisterten Fans und stabilem Wachstum aufzubauen.*

Doch das große Problem ist, dass der Nutzenvorsprung ihrer hochwertigen Produkte und Dienstleistungen nicht klar erkennbar ist. Das führt nach und nach zu einem riesigen Frust, bis hin zum Empfinden, dass die Welt ungerecht ist. In einer idealen Welt wäre es doch so, dass die besten Produkte die meisten Kunden verdienen, oder etwa nicht?

Genau hier knüpfen wir an. Wir von Christiani Story-Marketing glauben, dass die besten Produkte gewinnen sollten – und nicht das beste Marketing! Aus eigener Erfahrung weiß ich ganz genau, wie blöd es sich anfühlt, nicht gesehen und gehört zu werden. 2015 startete ich, nach 30 Jahren in der Konzernwelt, als Storytelling-Coach bei null. Niemand kannte mich – und von Storytelling wollte erst recht niemand was wissen. Nichtsdestotrotz ist es mir gelungen, mit den richtigen Marketing-Stories einen siebenstelligen Umsatz im zweiten Jahr zu erreichen. Nicht nur das – unter anderem konnte ich mit den Geheimnissen des Storytellings mein Coaching-Honorar verdreifachen. Das hätte ich nie für möglich gehalten!

Mittlerweile haben mir rund 50 unserer Kunden gestattet, ihre Zahlen und Umsatzsteigerungen im Kontext von Storytelling exemplarisch zu verwenden. Nur damit das klar ist: Von einem Durchbruch im Marketing spreche ich nur, wenn binnen sechs Monaten eine Umsatzsteigerung von mindestens 30 Prozent erreicht wird. Dies ist bei den eben erwähnten 50 Unternehmen tatsächlich der Fall. Aus diesen Erfolgen schließe ich: Unser Mentor-Plan funktioniert! Aber wie sieht er aus?

Also: Verdichte Deine Kommunikation zu einer Hauptbotschaft – verpackt in eine spannende Geschichte. Sonst wirst Du weiterhin immense Budgets für schöne Webseiten und Imagebroschüren verbraten, bei denen – so zeigt es die

Google-Statistik – durchschnittlich 99 von 100 Interessenten Nein zu Dir sagen. Willst Du das wirklich? Oder willst Du vielmehr, dass Du als anerkannter Experte in Deiner Branche die Aufmerksamkeit genießt, die Du Dir redlich verdient hast?! Dass Du nicht mehr dem Erfolg hinterherhecheln musst, sondern dass der Erfolg zu Dir kommt? Das ist für Dich greifbar nahe. Ich freue mich auf Dich. Dein Alexander Christiani und das gesamte Team von Christiani Story-Marketing.«

Na, wie klingt das? Zack! Ein Filter nach dem anderen, und schon steht meine – und bald auch Deine – Story in voller Blüte. Kein Zauber, keine Magie, einfach nur die fünf Schritte des Blockbuster StorySkripts. Was hält Dich noch zurück? Lade Dir gleich die kostenfreien Unterlagen auf **www.story-magic.de/bonus** herunter und fülle Dein Blockbuster StorySkript aus!

KAPITEL 8
»WIR SIND PAPST!«

»Das Ziel des Marketings ist es, den Kunden so gut zu kennen und zu verstehen, dass das Produkt oder die Dienstleistung zu ihm passt und sich von selbst verkauft.« (Peter Drucker)

Zum Abschluss dieses zweiten Buchteils möchte ich Dir noch von einem für mich prägenden Erlebnis erzählen, einem echten Aha-Erlebnis in Sachen Storytelling. Die beiden Protagonisten dieser Story sind mein guter Freund Martin und – der Titel des Kapitels lässt es Dich schon erahnen, oder? – die BILD-Zeitung.

Dafür müssen wir eine kleine Zeitreise unternehmen, und zwar zurück zum 1. Januar 2015, als ich Christiani Story-Marketing gegründet habe. Mittlerweile setzen einige Agenturen Elemente des Story-Marketings ein, doch damals stand ich mit meinen Stories allein auf weiter Flur. Ich selbst war mir längst sicher, dass Stories ein absoluter Glücksfall für Marketing-Anwendungen sind, und ich wusste mittlerweile auch im Detail, wie man eine packende, hochfaszinierende Story konzipiert. Trotzdem bin ich zunächst auf die Schnauze gefallen – und zwar richtig fett!

Aus der Welt der Konzerne kommend, kannte ich in meiner »neuen« Umgebung – der Welt der Mittelständler – fast niemanden. Und auch umgekehrt war ich für die allermeisten meiner potenziellen Kunden ein völlig unbeschriebenes Blatt. Ein Anfänger! Anfangs habe ich jeden Monat 42.000 Euro verbrannt. Warum? Nun, mein Unternehmen hatte neben mir noch sieben Mitarbeiter, und auf meinen Sportwagen wollte ich auch nicht verzichten …

Wie dem auch sei: Eines Abends saß ich mit meinem guten Freund Martin beim Italiener. Ganz offen vertraute ich ihm meine Zweifel an: »Martin, was soll ich bloß machen? Ich komme nicht voran. Die Konzernvorstände, für die ich bisher gearbeitet habe, haben noch nicht mal richtig gemerkt, dass ich weg bin. Umgekehrt hat im Mittelstand niemand auf mich und meine Ratschläge gewartet. Mir ist völlig klar, dass ich nicht zurück zu den Konzernen will. Ich will weg von den riesigen Tankern und hin zu den Schnellbooten. Aber ich finde den Weg dorthin nicht! Was rätst Du mir?« Daraufhin hat Martin einen folgenschweren Kommentar abgegeben. Er sagte nämlich: »Alex, ganz ehrlich: Finde Dich einfach damit ab. Denn Du bist die Frankfurter Allgemeine Zeitung des Marketings und nicht die BILD-Zeitung. Du bietest Qualität, und Qualität ist schwer zu verstehen. Deswegen wird Dein Angebot an die Welt niemals massentauglich sein.«

Rumms! Das saß! Kennst Du solche Momente? Da gibt Dir jemand, der Dir gegenüber total wohlgesonnen ist, einen gut gemeinten Ratschlag, aber in Dir drinnen wird es schlagartig ganz still! Genau so ein Moment war das für mich damals mit Martin. Für einen kurzen Augenblick wurde ich völlig aus der aktuellen Situation rausgerissen – Martin mir gegenübersitzend, der charmante italienische Kellner, die leckere Pizza, all das geriet aus meinem Fokus. In meinem Geist ratterte es, als stünde ich mitten in einem Sägewerk. Immer wieder tauchte diese eine drückende Frage auf: »Stimmt das, was Martin mir da gerade aufs Brot geschmiert hat?« Ist es wirklich so, dass die Mehrheit der Menschen keinen Wert auf die Qualität einer Frankfurter Allgemeinen Zeitung legt? Und stattdessen mit dem Info-Trash der BILD-Zeitung vorliebnimmt?

Nach einiger Zeit beruhigte ich mich wieder und ich brachte mein Abendessen mit Martin zu einem stimmigen Abschluss. Doch das Thema trieb mich weiter um. Schon bald stand eine andere, wesentlich produktivere Frage im Raum: »Könnte es sein, dass die Macher der BILD-Zeitung irgendetwas besser können als die Redakteure bei der FAZ oder der Süddeutschen Zeitung?« Die Antwort war schnell gefunden: Ja, die BILD-Leute können etwas besser als die allermeisten anderen Journalisten, und das sind die packenden Schlagzeilen!

Ob ›Bum, Bum, Boris!‹ oder ›Wir sind Papst‹ – es gibt in Deutschland wohl niemanden, der diese enorm suggestiven Slogans nicht kennt. Und weißt Du was? Beides sind Titelseiten-Schlagzeilen aus der BILD-Zeitung. Noch Monate oder gar Jahre später erinnern sich die Leute an solche eingängigen BILD-Überschriften. Das bleibt einfach im Hirn kleben.[11]

Jetzt wollte ich es genau wissen. Also tauchte ich in die Archive der FAZ und der Süddeutschen Zeitung ab und schaute mir deren tagesaktuelle Überschriften an, als aus dem bayerischen Kardinal Ratzinger Papst Benedikt XVI wurde. Und da lag es dann schwarz auf weiß vor mir: Keiner hatte eine packende Story – außer der BILD-Zeitung. Die Überschrift der FAZ hieß zum Beispiel: »Joseph Kardinal Ratzinger zu Benedikt dem 16. gewählt.« Mal ehrlich, das ist zwar faktisch richtig, aber wo bleibt da die Euphorie? ›Wir sind Papst‹ hingegen spiegelte das damals vorherrschende Gefühl vieler Deutscher perfekt wieder! Endlich, nach über 500 Jahren Kirchengeschichte, besteigt ein Deutscher den Heiligen Stuhl. Wow, das ist ein Moment für die Ewigkeit!

Genau dieser Mechanismus macht die BILD-Zeitung so beliebt: Sie berichtet nicht kühl von Fakten, sondern erzählt packende Geschichten, die den Lesern aus der Seele sprechen. Und nicht nur das: Die BILD-

[11] Kleine Storytelling-Nebenbemerkung: ›Wir sind Papst‹ ist nicht nur ein genial eingängiger Slogan, sondern entspricht auch exakt der Duden-Definition von einer Geschichte: »Eine Geschichte ist die Schilderung eines Handlungsablaufs aus einer Erzähler-Perspektive.« Wir haben es hier also mit einer Story in Reinkultur zu tun, ganz prägnant auf den Punkt gebracht. Respekt, liebe BILD-Redakteure!

Redakteure sind absolute Profis darin, Stories auf einige wenige Worte zu verdichten, die dann einschlagen wie eine Bombe.

Als ich mich nach dieser Entdeckung fragte, ob es in der Business-Welt wohl einen vergleichbaren »Bombenleger« gibt, schloss sich endlich ein gedanklicher Kreis: Steve Jobs konnte das genauso gut, vielleicht sogar noch besser! Ich sage nur: ›1.000 songs in your pocket.‹ Wenn ich es mir recht überlege, war dieser Gedanke der Anfang des Blockbuster Story-Skripts – mein Einstieg in die Welt des Storytellings. Und das alles nur wegen Martins ehrlichem Feedback damals beim Italiener! Dafür bin ich Martin noch heute zutiefst dankbar.

Kennst Du das, wenn Dir eine schlagfertige Antwort erst auf dem Nachhauseweg einfällt, wenn das Gespräch längst vorbei ist? So ähnlich ging es mir in der Situation mit Martin, nur dass es in diesem Fall ein paar Jahre gedauert hat, bis mir die treffende Antwort in den Sinn kam.

Aus meiner heutigen Perspektive würde ich Martin auf seine provokante Aussage Folgendes antworten:

Qualität ist spitze, aber sie nützt Dir nichts, solange Deine Kunden nicht verstehen, was Du wirklich auf dem Kasten hast!

Das Blockbuster StorySkript wird Dir helfen, Deinen Kunden gegenüber klar auszudrücken, wofür Du stehst und was die Besonderheit Deines Angebots ist. So bringst Du das Herzstück Deiner Kommunikation, und zwar Deine Unternehmer-Botschaft, auf Hochglanz. Dabei ist Blockbuster StorySkript kein zusätzliches Marketing-Instrument und auch kein weiterer Flyer – nein, es ist das Fundament für Dein gesamtes zukünftiges Marketing! Ein Marketing, mit dem Du Deine Kunden auf der Gefühlsebene erreichst. Ein Marketing, das Deinen hochwertigen Produkten die Aufmerksamkeit geben wird, die sie verdienen. Sobald Dein individuelles StorySkript steht, sprich, wenn Du Deine Zielgruppe eingegrenzt, deren äußeres und inneres

Problem erkannt und Dich als Mentor entsprechend positioniert hast, sind Deiner erfolgreichen Außenwirkung keine Grenzen mehr gesetzt.

Mit einer stimmigen Story im Kasten kannst Du locker die Inhalte Deiner Webseite runterschreiben, Broschüren nach Deiner Vorstellung erstellen und die zentralen Aspekte Deiner Story gewinnbringend in Verkaufsgesprächen einstreuen. Mit anderen Worten: Das Blockbuster StorySkript wirkt wie ein Turbo für Dein Marketing. Dein Marketing wird direkter, authentischer und nutzenorientierter! Und warum? Glasklar: Weil Du mithilfe von ansprechenden Stories kommunizierst und nicht mehr in einer öde-trockenen Nachrichtenform.

Mein freundschaftlicher Ratschlag an Dich: Schalte den Turbogang ein und werde eine Storytellerin, ein Storyteller. Mache Dir Stories zunutze, um einen direkten Draht zu Deinen potenziellen Kunden bekommen. Tu das, was Helden eben tun: Verändere die Welt durch Dein Wirken und lasse möglichst viele Menschen an Deinen Errungenschaften teilhaben. Storytelling ist der Schlüssel dazu. Als Dein Mentor habe ich Dir diesen Schlüssel nun überreicht, mach das Beste draus. Falls Du bei der Umsetzung noch weitere Ratschläge benötigst, zögere bitte nicht, uns zu kontaktieren (**www.story-magic.de/beratung**). Mein Team und ich werden alles dafür tun, Deine ganz eigene Heldenreise zu vergolden, großes Storyteller-Ehrenwort!

Klingt schon fast nach dem Buchende, nicht wahr? Aber weit gefehlt! Denn seien wir ehrlich: Bisher hast Du nur den roten Faden für Deine Story ausgelegt. Jetzt beginnt der Spaß erst so richtig, denn jetzt geht es an die konkrete Umsetzung. Genauer gesagt, bekommst Du im dritten Teil des Buches einen Story-Umsetzungsplan an die Hand. Ich zeige Dir ganz konkret, wie Du mithilfe einzelner Filter aus dem Blockbuster StorySkript ganz einfach Deine Positionierungs-Story entwickelst, eine griffige Produkt-Nutzen-Story aus dem Hut zauberst, attraktive Schlagzeilen wie ›Wir sind Papst!‹ formulierst oder einen überzeugenden Elevator-Pitch konzipierst. In diesem Zuge werde ich Dir unter anderem ein paar geniale Tricks der Marketing-Koryphäe Maria Veloso verraten. Und auch ein hochverehrter Kollege von mir, dessen Namen Dir vermutlich wohlbekannt ist, wird ins Spiel kommen: der »Laufpapst« Ulrich Strunz. Freu Dich also auf eine sportlich-anregende Lektüre!

Zusammenfassung

Die Golden Nuggets aus Teil II

Auch für diesen Buchteil liste ich Dir nochmals in kompakter Form auf, was wir gemeinsam erarbeitet haben:

- Um Marktführer in Sachen Kundenaufmerksamkeit zu werden, müssen Deine Stories maximal verdichtet sein. Eingängige Geschichten sind immer prägnant!

- Du benötigst eine glasklare Botschaft, verpackt in eine spannende Geschichte.

- Alle mitreißenden Geschichten dieser Welt zeigen dieselbe Grundstruktur: die Fünf-Punkte-Struktur der Heldenreise. Die fünf Punkte sind: (1) Ein Held, (2) hat ein Problem, (3) trifft einen Mentor, (4) bekommt einen Plan und (5) geht auf die Reise.

- Je größer das Problem, desto spannender die Geschichte!

- Markensympathie entsteht durch die Kommunikationsstruktur: Der Kunde ist der Held und der Unternehmer ist der Mentor – nicht umgekehrt!

- Im Business-Bereich braucht es ein Filter-Skript, kein Ideen-Skript wie in Hollywood. Das Blockbuster StorySkript ist solch ein Filter-Skript:

  - Deinen Wunschkunden – den Helden – definierst Du über die Filter A (Charakter), B (Wunsch) und C (Traum).

  - Das Problem des Helden verdichtest Du über die Filter D (äußeres Problem), E (inneres Problem) und F (moralisches Problem).

- Deine eigene Positionierung und Deine Beziehung zum Kunden erarbeitest Du mithilfe der Filter G (Mentor-Charakter), H (Freundschaft) und I (Kompetenz).

- Deine Lösung beziehungsweise Dein Angebot kommunizierst Du über die Filter J (Mentor-Plan), K (Prozess-Plan) und L (Sicherheits-Plan).

- Die Reise Deines Kunden beginnt mit dem Filter M (Call-to-Action) und führt dann über den Filter N (Verlust-Drama) und den Filter O (Paradies/Transformation) direkt zum heiligen Gral – nämlich Deinen hochwertigen Produkten!

Umsetzungsaufgabe für Teil II

Jetzt bist Du wieder am Zug – erstelle Dein individuelles Blockbuster StorySkript

So, jetzt bist Du wieder dran! Denn ich komme endlich auf Deine Umsetzungsaufgabe aus dem ersten Buchteil zurück. Dort hattest Du für Dich herausgearbeitet, was die Besonderheit Deiner Produkte ist und zu welchen konkreten – äußeren, vor allem aber inneren – Ergebnissen dies bei Deinen Kunden führt. Das ist immer der zentrale Kern einer starken Markengeschichte. Damit bist Du nun bereit, Deine Story auf einer DIN-A4-Seite zu verdichten. Denn getreu der Maxime von Dwight D. Eisenhower, »Ein Plan, der nicht auf eine Seite passt, ist zumeist weder durchdacht noch entscheidungsreif«, hast Du Deine Marketing-Kommunikation mithilfe des Blockbuster StorySkripts in eine kristallklare Story-Landkarte destilliert, die Dir für Deine Webseite, für Landingpages, Flyer und neue Marketing-Modul exakt zeigt, welche Botschaft Du kommunizieren solltest – und welche nicht.

Spätestens jetzt solltest Du mit der PDF-Vorlage arbeiten. Die Story-Landkarte findest Du auf **www.story-magic.de/bonus** zum Ausdrucken.

Bitte nimm Dir für diese Ausarbeitung ein paar Stunden Zeit. Nichts wird Dich in Deiner Marketing-Kommunikation schneller ans Ziel bringen, als das Blockbuster StorySkript mit seinen einzelnen Filtern! Jeder Filter steht für sich und spielt eine bedeutende Rolle in Deiner Story.

Also, starte mit den Filtern, Schritt für Schritt, und verdichte Deine Kommunikation auf jeweils 1 bis 2 Sätze.

In diesem Kontext noch ein Storyteller-Tipp für Dich: Solltest Du bei der Ausarbeitung keine Verdichtung eines Filters hinbekommen, liegt das meist daran, dass Deine Zielgruppe noch nicht messerscharf definiert ist. Und noch ein Tipp: Befrage Deine Kunden zu den Filtern, damit Du am Ende ihre Sprache sprichst. Das erzeugt eine viel höhere Resonanz!

TEIL III
STORY-MARKETING AUS EINEM GUSS

Nachdem Dein Story-Fundament steht, geht es jetzt darum, wie Du Deine Story ganz gezielt für verschiedene Werbezwecke einsetzt, sei es auf Deiner Webseite, in Deinen Broschüren oder bei Deiner Marktpositionierung. Du wirst sehen: Wenn Du einmal Deine Story gefunden hast, kannst Du alle anderen Marketing-Elemente nach einem kinderleichten Baukastenprinzip herstellen. Also los, machen wir uns an die konkrete Umsetzung!

KAPITEL 9
EINE STORY FÜR ALLE FÄLLE

»Das Erzählen von Geschichten, ist der beste Weg, um Ideen in die Welt zu bringen.« (Robert McKee)

Aus den ersten beiden Teilen dieses Buches weißt Du bereits, dass spannende Stories das perfekte Mittel sind, um maximale Aufmerksamkeit für Dich und Deine Produkte zu erregen – völlig egal, ob Deine Zielgruppe Endkunden oder Firmen sind. Wir haben gemeinsam erarbeitet, wie Du mithilfe von Stories den Nutzen-Vorsprung Deiner Produkte klar zum Ausdruck bringen kannst. Du kennst jetzt die geniale Grundstruktur aller wirkungsvollen Geschichten dieser Welt: die Heldenreise beziehungsweise die Fünf-Punkte-Struktur nach John Lasseter. Zudem weißt Du, dass Dein Kunde (und nicht Du!) der Held Deiner Story sein muss, während Du beziehungsweise Deine Marke die Rolle des Mentors einnimmt. Und zu guter Letzt kennst Du die insgesamt 15 magischen Filter des Blockbuster StorySkripts, mit deren Hilfe Du Deine Story ganz konkret ausarbeiten kannst.

In Abbildung 25 siehst Du nochmals die fünf Schritte der Heldenreise in ihrer ganzen Pracht. Diese fünf Helden-Schritte führen Dich verlässlich zu Deiner Unternehmens-Story.

Und diese Story wird dann die zentrale Botschaft an Deine Kunden sein!

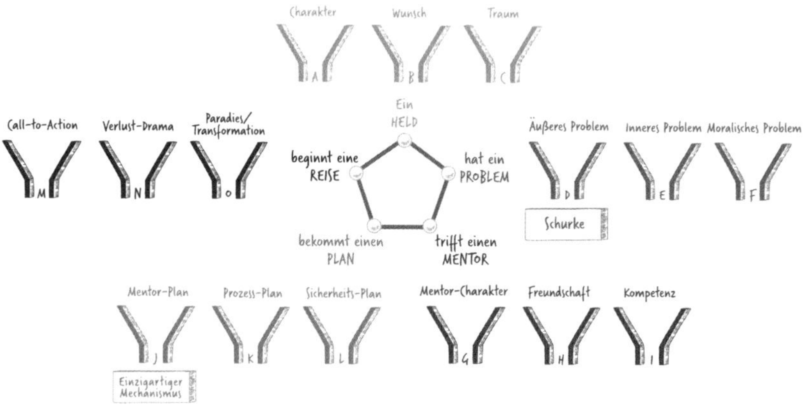

Abbildung 25: Die Heldenreise und die zugehörigen 15 Filter. Besonders wichtig dabei: a) Finde einen Schurken, gegen den Du Dich mit Deinen Kunden verbünden kannst; b) Dein Helden-Kunde muss das sichere Gefühl haben, dass Du als Mentor einen einzigartigen Lösungsplan parat hast, mit dessen Hilfe er all seine Probleme verlässlich lösen kann.

Ich hoffe natürlich, dass Du ein echter »Umsetzer« bist, der sofort zu Stift und Papier gegriffen hat, um die vorgeschlagenen Umsetzungs-Aufgaben direkt anzugehen. Bestenfalls hast Du also schon eine komplette Story für Dein Produkt entwickelt. In diesem Buchteil werde ich Dir nun zeigen, wie Du diese Story ganz gezielt für unterschiedliche Marketing-Anforderungen variieren kannst. Schließlich wirst Du nicht immer und überall die Zeit haben, eine umfangreiche Story zu erzählen. Im Gegenteil haben uns Steve Jobs und die BILD-Zeitung gelehrt, dass eine Story manchmal umso wirksamer ist, je knapper die Botschaft zusammengefasst wird – wobei die Zusammenfassung dann natürlich auch voll ins Schwarze treffen muss wie bei ›Wir sind Papst!‹ oder ›1.000 songs in your pocket‹.

Egal, ob Du Texte für Deine Webseite entwickelst, einen Flyer konzipierst oder auf einer Messe von einem Interessenten gefragt wirst, was Du eigentlich beruflich machst: Stets musst Du eine prägnante Antwort parat haben, die im Kern Deine Story erzählt, doch in ihrer Form und Länge optimal an die jeweiligen Umstände angepasst ist. Keine Sorge: Mit den 15 Filtern des Blockbuster StorySkripts geht das ganz leicht! Diese Filter geben Dir nämlich einen wunderbaren Baukasten an die Hand, aus dem Du bequem alle jeweils benötigten Informationen herausnehmen und dann zu einer passenden Story-Variante zusammensetzen kannst. Es ist wirklich genauso leicht wie beim ›Malen nach Zahlen‹, das Du sicher noch aus Kindertagen kennst, oder?

Im letzten Kapitel dieses Buches präsentiere ich Dir übrigens noch eine super Umsetzungsformel, die mein Freund Ulrich Strunz, auch bekannt als der Laufpapst, entwickelt hat. Damit sollte eigentlich nichts mehr schiefgehen bei Deinen Umsetzungs-Abenteuern.

Drei Helden-Filter für die perfekte Positionierung

Los geht's mit der Positionierungs-Story. Die nötigen Story-Bausteine dafür besitzt Du schon – vorausgesetzt, Du hast Deine Umsetzungs-Aufgaben sorgsam erledigt. Du brauchst dazu nämlich lediglich die Filter B (Wunsch), J (Mentor-Plan) und M (Call-to-Action). In Abbildung 26 siehst Du die Position dieser Filter nochmals im Detail. Die drei entscheidenden Schritte sind:

- Du musst den Wunsch Deiner Kunden kennen (Filter B).
- Auf dem Weg zur Lösung musst Du Deinen einzigartigen Mechanismus – Deinen ganz speziellen Modus Operandi – anschaulich erklären (Filter J). Hier trennt sich nämlich die Spreu vom Weizen. Wenn es Dir gelingt, die Besonderheit Deines Handelns kristallklar zu kommunizieren, überholst Du binnen Kurzem alle Deine

Mitbewerber, die nach wie vor mit Marketing-Floskeln à la ›langjährige Erfahrung‹ unterwegs sind.

- Am Ende braucht es einen eindringlichen Appell an Deine Kunden, nicht weiter zu zögern, sondern Deine besondere Lösung sofort zu kaufen.

Alle Grafiken, Begleitmaterialien und weiterführenden Coachings kannst Du Dir übrigens gratis auf **www.story-magic.de/bonus** herunterladen!

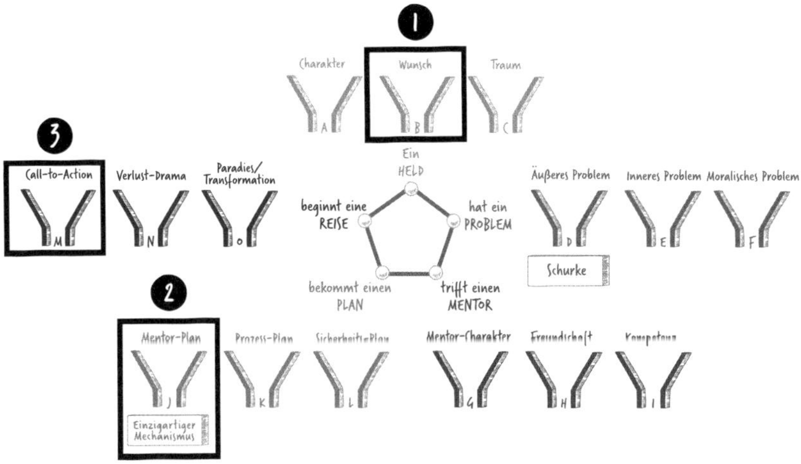

Abbildung 26: Für Deine Positionierungs-Story musst Du wissen, was sich Deine Kunden wünschen (Filter B) und welchen einzigartigen Mechanismus Dein Mentor-Plan enthält (Filter J). Schließlich musst Du noch einen Weckruf lancieren (Filter M).

THE STORY OF A STORY

Ein Winterreifen-Händler könnte beispielsweise folgende Positionierungs-Story entwickeln:

> *»Sie wollen wissen, wie sich unser Angebot von allen anderen in der Region unterscheidet?«*

Damit sind sie gleich bei ihrem Modus Operandi. Und wie sieht der konkret aus?

> *»Wir haben 14 Hebebühnen vor Ort. Sie kommen bei uns also auch ohne Termin sofort dran. Außerdem haben wir über 2000 Reifengrößen vorrätig. Deswegen können wir ohne Bestellung in 99,9 Prozent aller Fälle sofort loslegen. Und drittens: Wir haben eine Preisgarantie. Wenn Sie denselben Winterreifensatz im Umkreis von 50 Kilometern in den nächsten 30 Tagen billiger kriegen, dann erstatten wir Ihnen die Differenz zurück.«*

Das sitzt, oder? Zu guter Letzt kommt noch ein ganz schlichter, aber hochwirksamer Appell:

> *»Wenn das für Sie cool klingt, dann rufen Sie uns jetzt an.«*

That's it!

Auch David Wenger, ein Spezialist für Thermodynamik, ist ein gutes Beispiel für eine gelungene Positionierungs-Story. Seine Ingenieurfirma konnte in fünf Jahren ein Umsatzplus von 680 Prozent verbuchen, obwohl er sein Team in dieser Zeit nicht vergrößert hat!

THE STORY OF A STORY

Begonnen hat David Wengers beeindruckende Erfolgsgeschichte mit einem Videoclip auf seiner Webseite. Wären wir jetzt in einem Webinar, könnte ich Dir den Clip einfach vorspielen – hier musst Du leider mit dem geschriebenen Wort vorliebnehmen.[12] Achte bitte auf die drei zentralen Elemente: den Kundenwunsch, Wengers einzigartige Lösungskompetenz und schließlich den Kaufappell!

> *»Herzlich willkommen! Sie interessieren sich für Thermodynamik, Strömungsmechanik oder Verfahrenstechnik? Sie sind sicher hier, weil Sie als Ingenieur gerade ein spannendes Projekt bearbeiten, bei dem es darum geht, wie Sie die Energiekosten um zehn Prozent reduzieren können. Oder Sie überlegen, wie Sie die Energiekosten Ihrer Firma um 100.000 oder gar eine Million Euro pro Jahr verringern könnten. Vielleicht geht es Ihnen aber auch darum, wie Sie das Gewicht eines Bauteils um 10, 20 oder gar 30 Prozent reduzieren können. Oder Sie wollen dessen Lebensdauer verdoppeln – ohne Mehrkosten.*
> *Das sind genau die Aufgabenstellungen, mit denen wir uns in den letzten zehn Jahren in über 450 Projekten für Firmen wie Daimler, Bosch, General Electric, NEC, Audi, Volkswagen, Draeger, Linde oder Shell beschäftigt haben. Und ja, es ist uns tatsächlich häufig gelungen, Energiekosten im zweistelligen Prozentbereich einzusparen oder die Bauteilemasse um bis zu 20 Prozent zu reduzieren. Oder die Stückkosten um bis zu 40 Prozent zu reduzieren. Bei vielen Projekten konnten wir die Entwicklungszeit um mehrere Monate verkürzen und*

[12] www.story-magic.de/bonus

so den Markeneintritt eines neuen Produkts erheblich beschleunigen.

Es wäre aber unseriös, wenn ich hier von Ingenieur zu Ingenieur sagen würde, dass ich Ihnen solche Erfolge garantieren kann. Sie wissen ja selbst am besten, dass der Teufel meistens im Detail steckt. Deshalb mache ich Ihnen einen Vorschlag: Rufen Sie mich an. Kontaktieren Sie uns, zum Beispiel auch hier unten im Chat. Kommen Sie zu uns nach Ulm. Lassen Sie uns in einem anderthalb bis zweistündigen Briefing klären, was Sie genau brauchen und wie wir Ihr Projekt mit unserer großen Projekterfahrung noch schneller zum Erfolg führen können.

Ich freue mich auf Ihre Kontaktanfrage!«

Wie gesagt, mit diesem etwa 80 Sekunden langen Video fing alles an. Bis dato war David Wenger noch nie von einem Kunden mit einem Erstauftrag in der Größenordnung von über 20.000 Euro beauftragt worden. Schon im ersten Jahr, in dem das Video online stand, bekam er drei Anfangsaufträge im Wert von jeweils über 100.000 Euro!

Ich möchte Dir mit diesem Beispiel verdeutlichen, wie viel vertrauenswürdiger Du als Unternehmer wirkst, wenn Deine Kunden Dich über solch ein authentisches Video kennenlernen können. Und das Allerbeste daran: Alles, was Du dafür brauchst, sind die Filter B, J und M aus dem Blockbuster StorySkript! Sieh Dir die Vorgehensweise in Abbildung 26 gerne nochmals ganz genau an, um Dir dann diese drei Filter bestmöglich zunutze zu machen.

THE STORY OF A STORY

Die geniale Wirkung der Story-Filter zeigte mir auch eine E-Mail-Nachricht, die ich etwa drei Monate, nachdem ich David Wengers Video erstmals in einem Vortrag erwähnte, erhielt. Die Nachricht war in etwas holprigem Deutsch verfasst – und zu meinem allergrößten Erstaunen ging es überhaupt nicht um Thermodynamik, sondern um Kosmetika! Aber bitte lies die sprachlich leicht von mir überarbeitete E-Mail selbst:

> *»Sehr geehrter Christiani, ich war bei Ihrem Webinar dabei. Ich fand es toll, dass Sie gesagt haben, man soll mal so ein Unternehmervideo machen wie David Wenger. Meine Frau und ich, wir kommen beide aus Polen. Wir sind erst seit kurzem hier und sprechen auch noch nicht gut Deutsch. Aber meine Frau, die hat jetzt ein Kosmetikinstitut. Und da haben wir einfach das Video vom David komplett übernommen. Da, wo er sagt, dass er ein Institut für Thermodynamik hat, haben wir ›Kosmetikinstitut meiner Frau‹ eingesetzt. Und dann haben wir es gleich auch auf unsere Webseite gesetzt. Seitdem gewinnt meine Frau ihre meisten Kunden übers Internet. Insgesamt haben wir 27 Prozent Umsatzplus in den ersten beiden Monaten gemacht.«*

Der Link zum Video war in der E-Mail ebenfalls genannt. Falls Du Dir das Video anschauen möchtest – nur zu! Auf **www.story-magic.de/bonus** findest Du den entsprechenden Link. Hier der Inhalt des Videos in Worten:

»Herzlich willkommen! Sie interessieren sich für das Thema Schönheit, kosmetische Gesichtsbehandlung oder ästhetische Körperbehandlung.

Wahrscheinlich, weil Sie wollen, dass Ihre schöne Haut auch in zehn Jahren noch genauso schön ist wie heute. Oder Sie haben Defizite in diesem Bereich und wollen den Zustand Ihrer Haut verbessern? Oder sie wollen einfach glatter und frischer aussehen?

In den letzten sieben Jahren haben wir uns genau auf diesen Schwerpunkt spezialisiert und in zahlreichen Maßnahmen weitergebildet.

Mit Firmen wie Ivo Pitanguy, Mesoestetic, Biocome, Academy, Pino und anderen ist es uns gelungen, effektive Behandlungskonzepte zu erarbeiten und dann mit neuesten Geräten und Produkten auch umzusetzen.

Und ja, es ist uns gelungen, hunderte Kunden glücklich und zufriedenzustellen.

Aber wir wären nicht seriös, wenn wir Ihnen jetzt sagen würden, dass das bei Ihnen genauso sein wird. Sie wissen am besten, der Teufel steckt oft im Detail. Das heißt, jede Haut ist anders und reagiert unterschiedlich auf bestimmte Produkte und Behandlungen.

Und deswegen laden wir Sie zu uns ein.

Rufen Sie uns an und vereinbaren Sie einen Termin, damit wir Ihre Ziele und Erwartungen besprechen können. Wir freuen uns auf Ihren Anruf. Ihr BeautyNo4 Team.«

Nun fragst Du Dich vielleicht, warum ich Dir gerade diese Positionierungsgeschichte vorstelle, obwohl sie definitiv noch nicht »rund« ist: Keine Frage, da könnte man noch viel optimieren, nicht nur sprachlich. Ganz ehrlich: Hätte das BeautyNo4-Team mich vor der Veröffentlichung gefragt, ob sie ihr Video so veröffentlichen sollen, ich hätte ihnen sicherlich abgeraten und stattdessen empfohlen, dass wir vorher nochmals gemeinsam daran arbeiten. Aber zum Glück haben sie mich nicht gefragt! Sie wollten einfach handeln, sind lieber losgelaufen und haben mal eben 27 Prozent mehr Umsatz eingefahren!

Später habe ich das polnische Kosmetiker-Ehepaar übrigens zu einem unserer Marketingkongresse eingeladen. Als ich sie zu mir auf die Bühne bat, schauten einige Leute im Saal ziemlich ungläubig. Offenbar fragten sie sich: »Das kann der Christiani doch nicht bringen! Will er diese armen Leute hier ernsthaft vorführen?« Doch am Ende gab es donnernden Applaus! Und warum? Weil ich bei meiner Vorstellung immer wieder betonte, dass die beiden etwas getan haben, woran es so vielen anderen Unternehmern mangelt: Sie hatten Mut! Tatendrang! Motivation! Sie haben nicht gewartet, bis ihr Marketing-Konzept perfekt ist. Sie haben nicht hundertmal von links nach rechts und von oben nach unten gefeilt. Sie haben nicht X Experten um ihre Einschätzung gebeten. Sie sind einfach online gegangen und wurden dafür reich belohnt.

Das ist genau die Geisteshaltung, die ich auch Dir ans Herz legen möchte. Mach etwas! Du brauchst dafür nur drei Elemente des Blockbuster StorySkripts:

- den Wunsch Deiner Kunden,
- Deinen einzigartigen Lösungsansatz und
- einen gezielten Call-to-Action.

Daraus entsteht dann binnen weniger Minuten eine anziehende Positionierungs-Story Deines Unternehmens.

Klar kann man es auch komplizierter machen – aber wird es dann besser? Antwort: Nein! Und wird es dann womöglich sogar schlechter? Antwort: Vielleicht. Darum meine Empfehlung an Dich: Halte Dich an die drei Filter B, J und M des Blockbuster StorySkripts und lasse dann die Google-Analytics-Ergebnisse ein Urteil über Deine Vorgehensweise sprechen. Ich bin überzeugt, dass Deine Conversion Rates Dir (und auch mir) Recht geben werden.

Zu guter Letzt zeige ich Dir noch unsere eigene Positionierungsstory:

»Herzlich willkommen!

Bist Du ein Unternehmer, der …

… ambitioniert wachsen will?

… die effektivste Strategie für seinen Durchbruch sucht?

… sich fragt, was das Geheimnis hinter den ›Durchbrüchen am Fließband‹ bei unseren Kunden ist?

Wenn ja, dann will ich Dir dieses Geheimnis gerne in den nächsten zwei Minuten erklären.

Unser Story-Coaching basiert auf einer einfachen Erkenntnis: Schwache Marketing-Botschaften nageln Dich bis zu Deiner Pensionierung in Deinem Markt unter ›ferner liefen‹ fest. Starke Marketing-Botschaften hingegen führen in wenigen Monaten zu einem Marketing-Durchbruch mit 30 Prozent Wachstum oder mehr.

Mindestens 95 Prozent aller Unternehmer mit guten Produkten – vom Fliesenleger bis zur Steuerberaterin – kommunizieren mit schwachen Botschaften wie ›hochwertige Produkte‹, ›langjährige Erfahrung‹ oder ›exzellenter Service‹. Solche Floskeln locken natürlich niemand hinter dem Ofen hervor – und genau deshalb ist es für unsere Kunden so einfach, ihre zahllosen Mitbewerber mit einer starken Botschaft zu überflügeln.

Hier nur zwei Beispiele von über 100 Durchbruch-Stories, die wir dieses Jahr entwickelt haben:

Einer unserer Bäckermeister sagt: ›Wir verzichten auf die 200 Chemikalien, die nach dem deutschen Brotgesetz erlaubt sind, und backen mit Natur pur wie zu Großmutters Zeiten.‹

Ein Personal Trainer sagt: ›Du bist nur deswegen hier, weil Du trotz aller Disziplin noch nicht die Gewohnheit aufgebaut hast, lebenslang motiviert Sport zu machen? Genau diese Gewohnheit bekommst Du von mir in den nächsten 100 Tagen!‹

Ein Freund von mir – der Steuer-Coach Alex Fischer – hat folgende Botschaft: ›Deutschland ist ein Niedrigsteuerland für Unternehmer, die Genossenschaften und Stiftungen für sich zu nutzen wissen.‹ Sein Ergebnis: In einem Jahr mehr Gewinn als das Lebensarbeitseinkommen herkömmlicher Steuerberater mit einer etablierten Kanzlei!

Wenn Du mich jetzt fragst: ›Alex, gibt es einen Haken bei diesem Konzept?‹, dann lautet meine Antwort: Starke Botschaften funktionieren nur für ehrbare Kaufleute mit hochwertigen Produkten, weil wir nur dann mithilfe von Stories authentische Nutzenfilme aufbauen können.

Unter der Voraussetzung, dass Du gute Produkte im Gepäck hast, sind Deinem Erfolg also keine Grenzen gesetzt.

Vereinbare ein kostenloses Erstgespräch, in dem wir gemeinsam herausfinden, ob Du das Potenzial für eine starke Botschaft mitbringst.

Dein Alexander Christiani«

Worauf wartest Du noch? Erstelle Deine Positionierungs-Story und lasse so Dein sattes Umsatzplus endlich Realität werden!

Wie Du starke Produkt-Nutzen-Stories aus dem Ärmel schüttelst

Auf Deiner Webseite gibt es diverse Möglichkeiten, um in kurzen Videos Deine Stärken zu erläutern. Beispielsweise könntest Du unter dem Menüpunkt ›Produkte‹ oder ›Meine Leistungen‹ erklären, wie Dein Angebot funktioniert und was das Besondere daran ist. Auch bei solchen Produkt-Nutzen-Stories kannst Du in wenigen Minuten extrem gute Resultate erzielen, wenn Dein Blockbuster StorySkript erst einmal steht. Dieses Mal kannst Du Dich der drei Filter D, J und M bedienen, um folgende fünf Fragen zu beantworten:

- Was ist das konkrete (äußere) Problem Deines Kunden? (Filter D)

- Wer oder was ist der Schurke, der das Problem auslöst? Und warum konnte der Schurke bisher noch nicht besiegt werden?

- Was ist die neue, einzigartige Idee, die Du zur erfolgreichen Schurkenjagd anbietest? (Filter J)

- Wie sieht die konkrete Lösung aus, wenn Du Dich des Problems annimmst?

- Mit welchem Appell kannst Du Deine Kunden dazu bringen, dass sie auf Dich zukommen, wenn sie an Deinem Angebot interessiert sind? (Filter M)

Den Ablauf habe ich in Abbildung 27 nochmals für Dich visualisiert.

THE STORY OF A STORY

Auch wenn sich dieser Handlungsablauf völlig nahtlos in mein Blockbuster StorySkript einfügt – den entscheidenden Impuls dafür verdanke ich Maria Veloso, einer amerikanischen Unternehmerin, die für viele der erfolgreichsten Marketing-Kampagnen aller Zeiten verantwortlich ist. Vor etwa zehn Jahren kam ich erstmals mit Maria in Kontakt – sie bot damals ein Drei-Tages-Seminar zum Thema ›Copywriting‹ an, das ich wahnsinnig interessant fand. Es gab nur einen kleinen Haken: Der Spaß sollte 5.000 Dollar kosten. Plus Flüge und Übernachtungen! Nach reiflicher Überlegung entschied ich mich dafür. Und was soll ich sagen – das Investment hat sich gelohnt. Denn was ich dort serviert bekam, war schlichtweg fantastisch! Heute kann ich mit gutem Gewissen sagen, dass Marias Tipps auch 50.000 Dollar wert gewesen wären ...

Lange Rede, kurzer Sinn: In dem Seminar erzählte Maria, dass sie früher für manche ihrer Kampagnen nur eine halbe Stunde gebraucht habe, während sie sich an anderen tagelang die Zähne ausgebissen habe. Nach zehn Jahren hatte sie sich schließlich hingesetzt und alle von ihr produzierten Stories nebeneinandergelegt. Und im direkten Vergleich wurde ihr plötzlich klar, was den entscheidenden Unterschied ausmachte: die grundsätzliche Story-Struktur! Bei den leicht von der Hand gehenden Produkt-Nutzen-Stories war Maria intuitiv der eben beschriebenen Struktur gefolgt – mit einem äußeren Kundenproblem, einem Schurken, der erfolgreichen Schurkenjagd und einem abschließenden Appell –, entsprechend konnte sie die komplette Geschichte wie aus einem Guss erzählen. Bei den langwierigen Stories hingegen fehlte diese Grundstruktur und sie musste zahllose Schleifen drehen, bis die Geschichten endlich rund wurden.

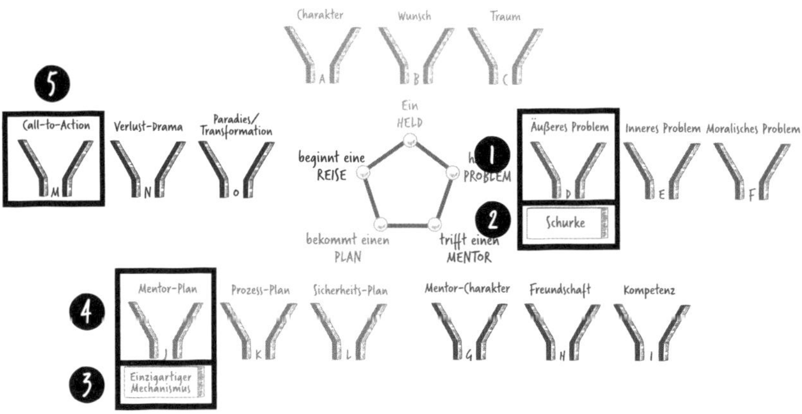

Abbildung 27: Maria Veloso lässt grüßen! Eine gute Produkt-Nutzen-Story lebt davon, dass Du das äußere Problem Deines Kunden aufgreifst (Filter D) und einen Schurken als gemeinsamen Feind platzierst. Dein Mentor-Plan (Filter J) erklärt dann anschaulich, wie Du dem Schurken das Handwerk zu legen gedenkst. Auch hier musst Du natürlich noch einen Weckruf lancieren (Filter M).

Lass mich Maria Velosos Erfolgsformel für eine eingängige Produkt-Nutzen-Story an einem konkreten Beispiel demonstrieren. Angenommen, Du hast ein super Anti-Stress-Training zu bieten. Egal, ob Stress vor Prüfungen, Flugangst oder Lampenfieber auf der Bühne: Du weißt, wie man die Nerven behält. Wie gehst Du nun bei der Erstellung Deiner Produkt-Nutzen-Story vor? Richtig! Zuerst beschreibst Du das äußere Problem Deiner Kunden:

> *»Kennen Sie das? Sie haben sich super gut auf eine Prüfung vorbereitet, aber je näher der Prüfungstermin rückt, desto nervöser werden Sie? Und es geht sogar so weit, dass Sie alles vergessen haben, wenn es drauf ankommt?«*

Nach solch einer Einleitung knöpfst Du Dir den Schurken vor:

> *»Wahrscheinlich haben Sie dagegen schon vieles unternommen, stimmt's? Sie haben Bücher gelesen und in Foren recherchiert. Vielleicht haben Sie sogar an einem Hypnosetraining teilgenommen? Und auch versucht, Ihr Unterbewusstsein direkt anzusprechen? Aber bisher hat nichts gewirkt?«*

Mit dieser Passage holst Du Deinen potenziellen Kunden so richtig ab, weil er sich darin genau wiedererkennt. Und jetzt kommt Dein großer Auftritt, denn Du kannst etwas, das andere Anti-Stress-Trainer nicht (beziehungsweise weniger gut) können! Zum Beispiel:

> *»Ich habe gute Nachrichten für Sie. Selbst Hochleistungssportler haben festgestellt, dass es für sie ziemlich schwer ist, über Meditation zu innerer Ruhe zu finden. Und es ist nach wie vor kompliziert, über autogenes Training zum Ziel zu kommen. Gleichzeitig wissen wir von erfolgreichen Athleten, dass progressive Muskelentspannung die einzige Methode ist, die man komplett kontrollieren kann. Indem Sie einen Muskel willkürlich anspannen und ihn anschließend willkürlich entspannen, lernt Ihr Gehirn, sich schnell und effektiv zu entspannen. Exakt diesen Mechanismus habe ich so perfektioniert, dass Sie ihn unauffällig auch in Prüfungssituationen einsetzen können. Niemand wird merken, dass Sie relaxen – doch Ihre daraus resultierende Entspannung wird Ihnen deutlich weiterhelfen.«*

Zu guter Letzt lädst Du interessierte Leser ein, Kontakt mit Dir aufzunehmen:

> *»Falls das für Sie interessant klingt, lassen Sie uns gerne zusammen an Ihrem Problem arbeiten. Probieren Sie meine Methode aus – Sie können nur gewinnen.«*

Keine weiteren Fragen, Euer Ehren! Du hast Deinen Lösungsansatz klar und anschaulich skizziert; und wer es genauer wissen will, muss an dieser Stelle nur noch anrufen oder eine E-Mail abschicken. Ist das nicht klasse?

Wie gesagt, für die Einsicht in diesen konkreten Handlungsablauf von Produkt-Nutzen-Stories habe ich Maria Veloso damals 5000 Dollar bezahlt, plus Reisekosten. Doch das Investment hat sich gelohnt, denn ich baue heute jede Produkt-Nutzen-Story aus eben diesen fünf Veloso-Fragen auf. Und meine Empfehlung an Dich lautet: Mach es auch! Anschließend kannst Du Deine Produkt-Nutzen-Story direkt auf Deiner Webseite lancieren und dabei zusehen, wie Deinen Conversion Rates in die Höhe schnellen …

Mach Deine Headlines selber – niemand kann das besser als Du!

Im besten Fall hast Du nun schon eine griffige Positionierungs-Story und eine mitreißende Produkt-Nutzen-Story im Kasten. Aber der Storytelling-Baukasten hat noch viel mehr Werkzeuge für Dich parat. Ein besonders wichtiges Werkzeug sind die *Überschriften*, die Du für Deine Marketing-Stories auswählst – ich sage nur ›Wir sind Papst!‹ aus Kapitel 8. Wenn uns in einer Zeitung oder auf einer Webseite die Headline unmittelbar anspricht, sind wir angefixt und wollen mehr wissen! Umso erstaunlicher, wie unfassbar nichtssagend die allermeisten Headlines in Marketing-Kampagnen daherkommen: ›unser einzigartiger Service‹, ›unsere erstklassige Qualität‹, ›unsere langjährige Erfahrung‹. Gähn! Aber das ist zum Glück Vergangenheit, denn mit dem Blockbuster StorySkript hast Du nun ein elegantes Tool, um Dir eingängige Schlagzeilen für Deine Stories auszudenken. Wie das geht? Ganz einfach: Filter M.

Filter M? Was war das noch gleich? Ich will es nicht unnötig spannend machen: Filter M ist Dein Call-to-Action, ein aufweckender Appell an Deine Kunden. Für unser Haus lautet der Call-to-Action:

»Verdichte Deine Kommunikation zu einer Hauptbotschaft – verpackt in eine spannende Geschichte!«

Zack, und fertig ist die Headline für Deine Webseite!

Die Überschrift muss Deine Story so trefflich zusammenfassen, dass Dein potenzieller Kunde sofort weiß, woran er bei Dir ist.

Ich kann es nicht oft genug betonen: Niemand kann die Headline – diese erste Schlagzeile für Dein Produkt – besser formulieren als Du selbst! Nicht Deine bessere Hälfte und erst recht keine Agentur. Und warum? Ganz einfach: weil Du der Experte bist und Deine hochwertigen Produkte aus dem Effeff kennst. Nur Du hast Dein Unternehmen komplett durchdrungen. Wer könnte die Qualität Deiner Produkte besser auf den Punkt bringen als Du?

Falls Du Dich dennoch schwer damit tust, Deine eigenen Produkte ins rechte Licht zu rücken, mache Dir bitte keinen unnötigen Stress. Denn genau dafür hast Du einen Mentor! Ich finde, dass Helden wie Du genügend Abenteuer alleine überstehen müssen, da ist es völlig legitim, wenn Du Dir bei manchen Dingen auch mal helfen lässt. Wie gesagt, mein Team und ich sind jederzeit gerne für Dich da und unterstützen Dich mit all unserer Expertise, damit Deine Story ihre bestmögliche Wirkung entfalten kann. Vereinbare auf **www.story-magic.de/beratung** einen kostenlosen und unverbindlichen Erstberatungstermin, dann können wir gemeinsam weitersehen.

Abbildung 28: Der Filter M (Call-to-Action) aus dem Blockbuster StorySkript liefert Dir die perfekte Headline!

Der Elevator Pitch – mehr Zeit braucht kein Mensch

Und noch ein letztes Werkzeug aus dem Blockbuster StorySkript-Baukasten: der Elevator Pitch. Elevator ist das englische Wort für Fahrstuhl, und Pitch bedeutet laut www.leo.org unter anderem ›Überredung zum Kauf‹. Beim Elevator Pitch geht es also um die Frage, wie Du Deine individuelle Klasse während einer kurzen Aufzugfahrt von maximal 20 Sekunden so überzeugend rüberbringen kannst, dass die anderen Leute im Aufzug anschließend direkt auf Deinem Stockwerk aussteigen und Dein Produkt kaufen möchten.

Beim Elevator Pitch musst Du ganz schnell Aufmerksamkeit wecken – und mithilfe der drei Filter A (Charakter), D (äußeres Problem) und J (Mentor-Plan) des Blockbuster StorySkripts wirst Du diesen Elevator Pitch ebenso schnell gefunden haben, großes Storyteller-Ehrenwort!

Abbildung 29: Drei Filter, und schon steht Dein Elevator Pitch! Hier siehst Du die Filter A (Charakter des Helden), D (äußeres Problem des Kunden) und J (Mentor-Plan) für unser eigenes Haus.

Filter A – den hast Du längst drauf, oder? Bei meinen Kunden geht es um Unternehmer mit hochwertigen Produkten, die es satthaben, gegen schlechtere Wettbewerber zu verlieren, nur weil diese lauter brüllen können. Lass uns also direkt weiter zu Filter D gehen. Das äußere Problem meiner Kunden besteht darin, dass sie bisher am Markt weitgehend unsichtbar sind.

Und was gibt es zum Filter J zu sagen? Natürlich kennst Du mittlerweile meinen Mentor-Plan, schließlich profitierst Du durch das Lesen dieses Buches schon intensiv davon. Also: Wir von Christiani Story-Marketing coachen Unternehmer, wie sie ihre Kommunikation zu einer klaren Botschaft in Form einer spannenden Geschichte verdichten.

Das sind meine drei Story-Filter. Die schraube ich jetzt zusammen und fertig ist der Elevator-Pitch! Erst der Charakter-Filter:

> *»Unsere Kunden sind Unternehmer mit hochwertigen Produkten, die es satthaben, jeden Tag gegen schlechtere Mitbewerber zu verlieren.«*

Dann der Mentor-Plan-Filter, also unser einzigartiger Mechanismus, den niemand sonst anbietet:

> *»Wir coachen Dich mit unserem Blockbuster StorySkript, um Deine Business-Kommunikation zu einer glasklaren Botschaft in Form einer spannenden Geschichte zu verdichten.«*

Zum Abschluss noch ein klassischer Call-to-Action:

> *»Willst du einen kostenlosen Termin mit einem StoryCoach vereinbaren? Gut, dann klicke jetzt da drauf. Stopp! Du willst vorher noch mehr erfahren? Dann klick doch bitte auf den zweiten Button und sieh Dir das Video mit unserer Positionierungs-Story an.«*

Diesen einfachen Elevator Pitch kannst Du eins zu eins auf unserer Webseite nachlesen, siehe Abbildung 30.

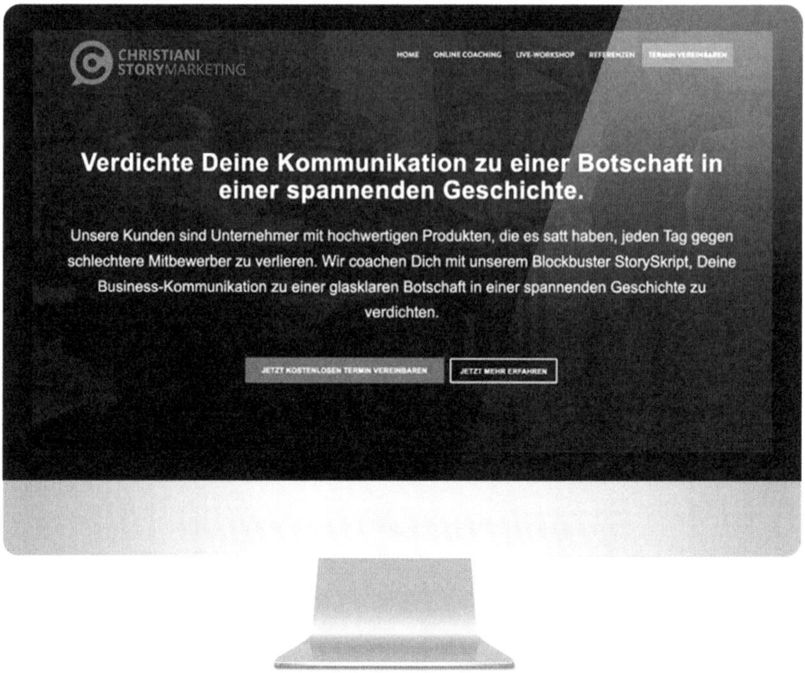

Abbildung 30: Der Elevator Pitch auf unserer Unternehmens-Webseite – nach 20 Sekunden hast Du alles gelesen, bist bestenfalls von unserem Angebot überzeugt und musst nur noch den Kontakt-Button drücken.

Die Macht des Blockbuster StorySkripts

Nun hast Du die wichtigsten Werkzeuge aus dem Blockbuster StorySkript-Baukasten kennengelernt und kannst Dein ganz eigenes StoryMarketing umsetzen. Falls Du immer noch an der Wirkung von Stories zweifelst, höre Dir mal an, was mein langjähriger Kunde André Schneider darüber denkt. Andrés Geschichte ist ein Paradebeispiel dafür, wie das Blockbuster StorySkript Deinen Marketing-Auftritt in völlig neue Sphären heben kann. In einem Video, das Du auch gerne direkt auf seiner Webseite ansehen kannst, berichtet er Folgendes:

»Mein Name ist André Schneider und ich bin Kundengewinnungscoach. Das bedeutet, dass ich Unternehmen und Selbstständigen dabei helfe, leichter und besser neue Kunden zu gewinnen. Seit einem halben Jahr arbeite ich mit Alexander Christiani zusammen und bin restlos begeistert von seinem Blockbuster StorySkript.

Zwei Aspekte sind meines Erachtens überragend: Erstens schafft es Alexander, das komplexe Thema Marketing leicht verständlich runterzubrechen und dann auch sofort umzusetzen. Bei ihm funktioniert Marketing wie ›Malen nach Zahlen‹.

Ich habe nach dem Prinzip des Blockbuster StorySkripts eine neue Landingpage für mein Produkt ›Die Video-Dominanz-Strategie‹ aufgesetzt. Meine Seite hatte vorher eine Erfolgsquote von 30 Prozent. Seit dem Umbau liegt die Quote bei 44 Prozent. Ich habe also einen Zuwachs von fast 50 Prozent – als Konsequenz des Blockbuster StorySkripts.«

Übrigens: Der Vertriebskanal, von dem André Schneider hier spricht, brachte ihm ursprünglich schon rund 200.000 Euro pro Jahr ein. Anders gesagt, André macht jetzt also rund 300.000 Euro Umsatz pro Jahr – mit diesem einen Vertriebskanal. Kleiner Hebel, große Wirkung!

Ja, so mächtig ist das Blockbuster StorySkript.

KAPITEL 10
WAS ICH VOM LAUFPAPST ULRICH STRUNZ GELERNT HABE

> *»Ein Mentor ist jemand, der mehr Talent und Fähigkeiten in Dir sieht, als Du in Dir selbst siehst, und der Dir hilft, sie aus Dir herauszuholen.« (Bob Proctor)*

Wir nähern uns langsam dem Ende des Buchs. Bevor wir auseinandergehen, will ich Dir in Sachen Umsetzung aber noch eine enorm wirkungsvolle Herangehensweise zeigen. Ich nenne sie gerne die *Ulrich-Strunz-Formel* – auch wenn Ulrich Strunz selbst das gar nicht so gerne hört.

Den allermeisten Hobbysportlern ist der Name Ulrich Strunz sicher ein Begriff. Ich sage nur: Laufpapst! Zu Uli's unglaublicher Überzeugungskraft, anderen die Gewohnheit lebenslangen Sporttreibens zu vermitteln, hatte ich vor etwa 20 Jahren ein beeindruckendes Erlebnis. Ich war gerade mit meiner Familie im Sommerurlaub im Stubaital, es regnete seit Tagen wie verrückt und meine damals noch kleinen Söhne waren ziemlich genervt. Sie wollten ins Freibad, doch das Wetter gab das einfach nicht her. Also machten wir einen Abstecher nach Innsbruck, unter anderem um dort im größten Sportgeschäft der Stadt Regenklamotten zu kaufen. Während wir im Geschäft waren, kam eine Frau herein und sprach den erstbesten Verkäufer an: »Guten Tag, ich interessiere mich für ein Paar Laufschuhe.« Der Verkäufer reagierte recht unfreundlich. Fast abweisend fragte er nach ihrer Schuhgröße. Nachdem die Frau sagte, sie brauche Schuhe in Größe 38, raunzte er zurück: »38? Haben wir gerade nicht mehr.« Die Frau war offenbar genauso überrascht wie ich: »Wie bitte? Wieso habt Ihr als Sportfachgeschäft keine Laufschuhe in Größe 38 vorrätig?« Da antwortete der Verkäufer, als sei es das Selbstverständlichste der Welt: »Haben Sie es denn nicht mitgekriegt? Am Wochenende war Ulrich Strunz in der Stadthalle. Seither sind alle Laufschuhe ausverkauft!«

Stell Dir das bitte mal vor: Dieser Ulrich Strunz war offenbar in der Lage, eine derart gewaltige Welle der Begeisterung auszulösen, dass dieser Verkäufer ganz selbstverständlich hinnahm, wie sein Laden im wahrsten Sinne des Wortes von einem Begeisterungssturm überrannt wurde. Als Storytelling-Coach wurde ich da natürlich höchst hellhörig: »Ulrich Strunz hat offenbar eine wahnsinnig motivierende Wirkung. Mal sehen, welche Story hinter seinem Erfolg steht!«

Ein paar Monate später waren Ulrich Strunz und ich beide als Redner bei einer Konferenz eingeladen. Als wir gemeinsam hinter der Bühne auf unseren Auftritt warteten, fragte ich ihn: »Uli, jetzt mal raus mit der Sprache, Du hast doch sicher längst analysiert, warum Deine Methode so großartig zieht, oder?« Und tatsächlich: Ulrich Strunz hatte eine ganz klare Formel, auf die er seinen Erfolg zurückführte.

Das große Warum

Als Erstes machte mir Ulrich Strunz klar, dass es nicht ausreicht, wenn man den Leuten erzählt, dass Joggen unheimlich gesund sei. »Die Leute brauchen eine große Herausforderung, einen echten Anreiz! Statt ihnen einen tollen Trainingsplan an die Hand zu geben und zu sagen, dass sie das durchziehen sollen, weil es ihnen guttun wird, verspreche ich meinen

Klienten, dass wir in einem Jahr zusammen auf den Kilimandscharo wandern.«

Kilimandscharo, das war mal eine Ansage. Doch Ulrich Strunz erklärte weiter: »Wer auf den Kilimandscharo will, muss topfit sein und hart trainieren. Bei jedem Wind und Wetter. Doch viele Hobbysportler sind verleitet, einfach zu Hause zu bleiben, wenn es draußen nieselt oder kalt ist. Wenn sie hingegen ein konkretes Trainingsziel haben – nämlich rauf auf den Kilimandscharo –, wissen sie ganz genau, dass sich jede versäumte Trainingseinheit später bitter rächen könnte. Also rein in die Laufschuhe, egal bei welchem Wetter!«

Ok, das leuchtete mir ein. Große und ganz konkrete Ziele sind immer gut. Bahnbrechend neu fand ich die Erkenntnis jedoch nicht, schließlich wird die Frage nach dem Warum von vielen erfolgreichen Motivationstrainern wie Jörg Löhr oder Jürgen Höller aufgebracht. Als ich Ulrich Strunz damit konfrontierte, konterte dieser: »Klar, aber das ist ja auch noch nicht alles! Du brauchst noch mehr. Du brauchst ein ganz konkretes Was!«

Abbildung 31: Um Dich zu Höchstleistungen anzuspornen, muss Dir zuallererst klar sein, welches Ziel Du erreichen möchtest.

Das superkonkrete Was

Auch hier beließ es Ulrich Strunz nicht bei Plattitüden, sondern erklärte mir alles im Detail: »Normalerweise kriegst Du einen Trainingsplan nach dem Motto ›Geh pro Woche dreimal 30 Minuten joggen‹. Damit fehlen Dir aber noch mehr als 90 Prozent vom Wissen, über das ein erfahrener Läufer oder gar ein Laufprofi verfügt! Du weißt zum Beispiel nicht, wie lange Du auf Asphalt laufen kannst, bevor Deine Achillesfersen überreizt sind. Du weißt wahrscheinlich auch nicht, dass Du zwei oder drei Paar Sportschuhe mit leicht unterschiedlicher Federung brauchst. Nur so können sich Deine Fußmuskulatur und die Bänder gut erholen. Und Du weißt auch nicht, ob Du ab fünf Grad eine Mütze tragen solltest oder erst ab null Grad. Und ab wann kommen Handschuhe dazu? Da die meisten Anfänger dieses konkrete Wissen nicht haben, sind sie im Winter ruckzuck durchgeschwitzt und liegen dann mit einer Erkältung flach. Und wenn sie nach zwei Wochen wieder gesund sind, haben sie alle ihre guten Lauf-Vorsätze schon wieder vergessen.«

Durch diese Ausführung habe ich begriffen, dass ein Mentor seinem Helden möglichst viele konkrete Informationen an die Hand geben muss, damit dessen Motivation keinen Rückschlag erfährt. Die Botschaft des Mentors muss so deutlich rüberkommen, dass der Held sie direkt und unmissverständlich umsetzen kann.

Abbildung 32: Wenn ein Held nicht genau weiß, was er zu tun hat, kann er noch so heldenhaft sein – er wird höchstwahrscheinlich auf Irrwege geraten und kann seine Mission nicht zu einem erfolgreichen Abschluss bringen.

Motivation pur: Training mit Gleichgesinnten

Ich habe damals nachgehakt: »Uli, was kannst Du mir noch über Dein Erfolgsgeheimnis verraten?« Darauf kam Ulrich Strunz mit einer Gegenfrage um die Ecke: »Alex, kennst Du das Geheimnis, wie man die Willenskraft eines Menschen mindestens verzehnfachen kann?« Hui, verzehnfachen! Gebannt wartete ich auf seine Antwort: »Wenn Du den Leuten empfiehlst, morgens vor der Arbeit eine halbe Stunde joggen zu gehen, dann ziehen das ein paar Helden diszipliniert durch. Doch die meisten Leute werden spätestens im November schwach, wenn es morgens noch stockdunkel ist und wie aus Eimern gießt. Aber jetzt stell Dir mal vor, dass Du Dich mit zwei Freunden zum regelmäßigen Laufen verabredet hast. Ihr habt feste Zeiten ausgemacht. Und dann, an diesem trüben Novembermorgen, an dem Du absolut keine Lust auf Rausgehen hast – und auf Joggen gleich dreimal nicht –, klingelt es an Deiner Tür und da stehen Deine Lauf-Buddies! Willst Du dann wirklich als Weichei dastehen und sagen ›Euch viel Spaß, aber ich bleibe lieber in der warmen Stube‹? Nö, natürlich nicht! Diese Blöße willst Du Dir nicht geben.«

Ulrich Strunz hatte auch in diesem zentralen Punkt völlig recht: Ein Team von Gleichgesinnten vervielfacht Deine Umsetzungsdisziplin!

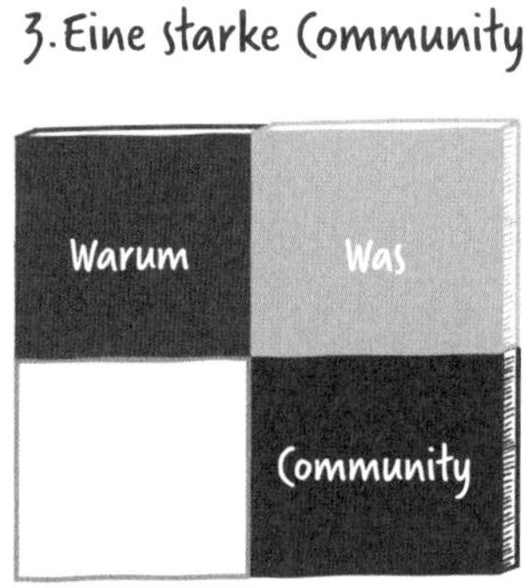

Abbildung 33: Gemeinsam sind wir stark! Suche Dir für Deine Projekte gleichgesinnte Mitstreiter, dann wird es Dir wesentlich leichter fallen, kontinuierlich am Ball zu bleiben.

Der Mentor kennt den (Lauf-)Weg

Schließlich wollte ich noch von Ulrich Strunz wissen, welche Rolle er nach der Initialzündung seiner Lauf-Zöglinge einnimmt. Schließlich ist er in seiner Szene doch als Mentor bekannt! »Genau«, erwiderte er, »ich bin die Person, die alles, was einem beim Laufen passieren kann, schon hinter sich hat. Ich weiß, wann es mit den Knien oder der Achillessehne kritisch wird und wie man darauf am klügsten reagiert. Ich weiß, welche Klamotten es bei welcher Wetterlage braucht. Etwas flapsig formuliert: Als Dein Lauf-Mentor bewahre ich Dich davor, dass Du ständig gegen die Wand läufst und Dir dabei blaue Flecken holst.«

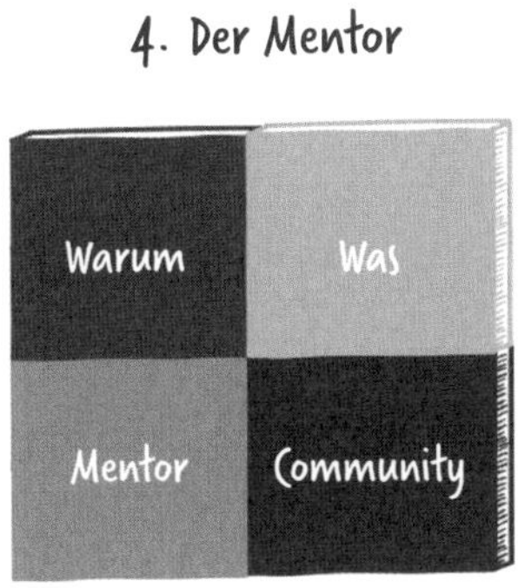

Abbildung 34: Zu guter Letzt kommt noch der richtige Mentor dazu, der Dich auf Kurs hält. Damit ist die Ulrich-Strunz-Formel komplett!

Die Ulrich-Strunz-Formel wirkt auch beim Storytelling!

In Abbildung 34 siehst Du nochmals alle vier Elemente der Ulrich-Strunz-Formel. Genau diese vier Elemente kannst Du Dir auch bei der konkreten Umsetzung Deiner Story zunutze machen!

Beginnen wir mit dem Warum. Ich denke, ich habe Dir hinreichend klargemacht, warum Storytelling so eminent wichtig ist. Fakt ist: Als Unternehmer mit hochwertigen Produkten bist Du nur eine Story von Deinem Marketing-Durchbruch entfernt. Aber nicht irgendeine Story, sondern genau diejenige Story, die Deinen Kunden den Nutzen-Vorsprung Deines Produkts auf der Gefühlsebene verdeutlicht. Natürlich kann Blockbuster Storytelling keine Wunder bewirken, denn selbst das beste Produkt der Welt braucht seine Zeit, bis es am Markt angekommen ist. So war das iPhone im Jahr 2007 sicher das beste verfügbare Handy, aber dennoch hatten damals – ein Jahr nach der Markteinführung – ganze 98,9 Prozent der potenziellen Kunden noch kein iPhone. Und das trotz der Marketing-Power von Apple! »Gras wächst nicht schneller, wenn man daran zieht«, sagt der Volksmund. Entscheidend ist aber, dass das Blockbuster StorySkript ein idealer Dünger für Deine Unternehmenspflanze ist. Es beschleunigt den Aufmerksamkeitsprozess bei Deinen potenziellen Kunden optimal! Und das sage ich nicht nur einfach so daher, sondern das kannst Du auf unserer Unternehmens-Webseite in Form von über 50 Erfolgsgeschichten unserer Kunden hautnah nachvollziehen.

Als Nächstes kommt das Was. Was genau ist Storytelling und wie kannst Du erfolgreich damit arbeiten? Ich denke, Dir ist klar geworden, dass Du in diesem Buch nicht irgendeine beliebige Anleitung bekommen hast, oder? Vielmehr hast Du mit der Heldenreise eine genial einfache Struktur kennengelernt, mit deren Hilfe Du wirklich packende Stories erzählen kannst. Ich habe Dir gezeigt, wo der archimedische Punkt in Deinem Marketing liegt. Du weißt jetzt, wer der Held und wer der Mentor in Deiner Geschichte ist. Und mithilfe der 15 Filter kannst Du ganz einfach Deine individuelle Positionierungs-Story, Deine Produkt-Nutzen-Story, Deine Headline und Deinen Elevator Pitch herauskristallisieren. Mit anderen Worten: Ich habe für Dich im Detail buchstabiert, wie Dein zukünftiges Erfolgs-Marketing aussieht. Was brauchst Du noch mehr?

Auch zum Teamgedanken in der Ulrich-Strunz-Formel habe ich etwas anzubieten. Denn auch bei Storytelling ist es unendlich wertvoll, wenn Du Dich mit Gleichgesinnten zusammentust! Ihr könnt Euch gegenseitig Eure Stories erzählen und aneinander deren Wirkung testen. Und ich wette, dass Dich jeder Erfolg Deiner Story-Teamkollegen zu neuen Höchstleistungen anspornen wird!

Bleibt die Frage des Mentors – oder anders gesagt, das Thema Coaching. Ulrich Strunz hat mal zu mir gesagt: »Coaching ist das erfolgreichste Lehr- und Lernprinzip der Menschheit. Es funktioniert seit über 5000 Jahren!« Und er hat völlig recht damit: Vieles in dieser Welt ist dem permanenten Wandel unterworfen, doch Coaching – dass jemand also bei einem Meister in die Lehre geht und dessen Handwerk von der Pike auf erlernt – ist ein unveränderlich funktionierendes Erfolgsrezept der Menschheit. Ulrich Strunz hat dafür den Begriff des Meistermacherprinzips geprägt. Was er damit meint? Klar – jeder Meister hat von einem anderen Meister gelernt, weil dieser Altmeister bereit war, sein gesamtes Wissen an seinen Lehrling weiterzugeben. Dabei ist völlig egal, ob es sich um einen Karatemeister, einen Metzgermeister, einen Frisörmeister oder einen Verkaufsprofi handelt. Jeder, der einen guten Lehrmeister hat und seine Ausbildung mit Interesse und Engagement durchläuft, wird am Ende selbst ein Meister sein. So einfach ist das!

Auf meine Spezialdisziplin, das Story-Coaching, übertragen heißt das:

- Der Story-Coach erklärt Dir, wie eine erfolgreiche Story funktioniert.

- Er zeigt Dir, wie Du solch eine Erfolgsstory konkret aufbauen kannst.

- Er tritt Dir so lange in den Allerwertesten, bis Du das Gelernte selbstständig umsetzt.

Und damit bin ich (fast) am Ende meines Story-Lateins. Falls Du jetzt heiß darauf bist, mit meinem Team und mir an Deiner Story zu feilen, würde mich das natürlich sehr freuen. Vielleicht brauchst Du mich aber auch gar nicht mehr, weil Dich schon der Inhalt dieses Buches schlau und glücklich gemacht hat.

Wie auch immer: Du kannst Dich gerne jederzeit über **www.story-magic.de/beratung** bei einem unserer Story-Coaches melden, selbst wenn Dein Geschäftsmodell noch recht überschaubar ist. In der Regel arbeiten wir bei unseren Story-Coachings in Kleingruppen von maximal 25 Interessenten, damit keiner von Euch zu kurz

kommt. Zuvor nehmen mein Team und ich Dein Story-Potenzial ganz genau unter die Lupe:

Wir sehen uns gemeinsam Deine Webseite und alle anderen Marketing-Materialien an und geben Dir erste Verbesserungstipps.

- Wir erkennen und benennen Deine drei größten Marketing-Herausforderungen.

- In gemeinsamen Brainstormings arbeiten wir heraus, welcher einzigartige Lösungsmechanismus zu Deinem konkreten Nutzen-Vorsprung führt, und wir formulieren diese Lösung klar und deutlich.

- Anschließend zeigen wir Dir völlig unverbindlich auf, wie ein Umsetzungs-Coaching aussehen könnte. In diesem Sinne kannst Du nur gewinnen und hast nichts zu verlieren.

Und hey, ich wiederhole mich gerne: Storytelling funktioniert in jeder Branche, also auch in Deiner! Schluss mit den faulen Ausreden, lass Dich vom Blockbuster StorySkript auf die Erfolgswelle heben … Dein Marketing-Durchbruch ist nur eine Story weit weg!

Herzlichst,

Dein Alexander Christiani

Zusammenfassung

Die Golden Nuggets aus Teil III

Damit Dir auch die Inhalte von Teil III gut in Erinnerung bleiben, habe ich die zentralen Aussagen nochmals übersichtlich für Dich zusammengestellt:

- Bei Deiner Lösung kommt es auf Deinen einzigartigen Mechanismus an (Modus Operandi).
- Deine Positionierungs-Story besteht aus drei Bausteinen:
  - Dem Wunsch Deines Kunden
  - Deinem einzigartigen Lösungsansatz
  - Einem gezielten Call-to-Action
- Deine Produkt-Nutzen-Geschichte besteht aus folgenden fünf Punkten:
  - Dem Problem, inklusive eines Schurken
  - Warum das Problem noch nicht gelöst wurde
  - Der einzigartigen Idee, die Du anbietest
  - Deiner konkreten Lösung
  - Einem Aufruf zum Handeln

- Eine gelungene Überschrift verdichtet Deine Story so, dass Dein potenzieller Kunde sofort weiß, woran er bei Dir ist. Du findest Deine Überschrift mithilfe des Filters M (Call-to-Action).

- Deinen Elevator-Pitch erstellst Du im Handumdrehen mithilfe der Filter A (Charakter), D (äußeres Problem) und J (Mentor-Plan).

- Es gibt vier magische Umsetzungsbeschleuniger:

  - Das große Warum

  - Das superkonkrete Was

  - Deine starke Community

  - Ein Mentor

Ich wünsche Dir viel Erfolg bei der Umsetzung!

Umsetzungsaufgabe für Teil III

Jetzt bist Du nochmal am Zug

Im dritten Teil habe ich Dir zwei Erfolgsformeln mit auf den Weg gegeben: die Positionierungsgeschichte und die Produktnutzengeschichte. Deshalb besteht Deine Umsetzungsaufgabe auch aus zwei Teilen.

Umsetzungsaufgabe Teil 1

Vorausgesetzt, dass Du Dein Blockbuster StorySkript bereits ausgearbeitet hast, gelingt Dir die Umsetzung im Handumdrehen. Für die Positionierungsgeschichte benötigst Du die Filter B (Wunsch), J (Mentor-Plan) und M (Call-to-Action). Konkret gesagt:

- Du musst den Wunsch Deiner Kunden kennen (Filter B).

- Auf dem Weg zur Lösung musst Du Deinen einzigartigen Mechanismus – Deinen ganz speziellen Modus Operandi – anschaulich erklären (Filter J). Hier trennt sich nämlich die Spreu vom Weizen! Wenn es Dir gelingt, die Besonderheit Deines Handelns kristallklar zu kommunizieren, überholst Du binnen kurzer Zeit alle Deine Mitbewerber, die nach wie vor mit Marketing-Floskeln à la ›guter Service‹, ›erstklassige Qualität‹ oder ›langjährige Erfahrung‹ unterwegs sind.

- Am Ende braucht es einen eindringlichen Appell an Deine Kunden, nicht weiter zu zögern, sondern Deine besondere Lösung sofort zu kaufen – oder sich zumindest mit Dir in Verbindung zu setzen.

Nimm Dir für diese Umsetzungs-Aufgabe etwa 30 Minuten Zeit und schreibe sie auf ein Blatt Papier. Sobald Du zufrieden mit der Umsetzung bist, empfehle ich Dir, die Story mit einer Videokamera aufzunehmen und auf Deiner Webseite und/oder Deinen Social-Media-Kanälen zu veröffentlichen. Und dann lass Dich von der Magie der Story überraschen …

Umsetzungsaufgabe Teil 2

Die Produktnutzengeschichte demonstriert kurz und knapp, welchen Mehrwert Deine Kunden durch Dein Produkt beziehungsweise Deine Dienstleistung bekommen. Hier kommt wieder das Blockbuster Story-Skript ins Spiel: Es ist immer wieder der Ausgangspunkt für alle weiteren Geschichten, die Du entwickelst. Nimm also Dein Skript zur Hand und richte Deinen Fokus auf die drei Filter D, J und M. Konkret beantwortest Du in Deiner Produktnutzengeschichte folgende Fragen:

- Was ist das konkrete (äußere) Problem Deines Kunden? (Filter D)
- Wer oder was ist der Schurke, der das Problem auslöst? Und warum konnte der Schurke bisher noch nicht besiegt werden?
- Was ist die neue, einzigartige Idee, die Du zur erfolgreichen Schurkenjagd anbietest? (Filter J)
- Wie sieht die konkrete Lösung aus, wenn Du Dich des Problems annimmst?
- Mit welchem Appell kannst Du Deine Kunden dazu bringen, dass sie auf Dich zukommen, wenn sie an Deinem Angebot interessiert sind? (Filter M)

Auch für diesen Teil der Umsetzungsaufgabe kannst Du Dir 30 Minuten Zeit nehmen. Und bedenke: Produktnutzengeschichten kann es nicht genug geben!

Viel Spaß bei der Umsetzung!

Trage den Story-Staffelstab weiter

Kennst Du den »Matthäus-Effekt«? Im Gleichnis von den anvertrauten Talenten im Matthäusevangelium gibt es folgenden Satz:

> *»Wer da hat, dem wird gegeben, so dass er Fülle habe. Wer aber nicht hat, dem wird auch genommen, was er hat.«*

Ich bin überzeugt, dass vieles im Leben diesem Gesetz folgt. Wenn Du ohne Erwartungen gibst, lebst Du nicht nur erfüllter, sondern es kehrt irgendwann auch zur Dir zurück. Interessanterweise gilt dieses Prinzip sogar für Storytelling: Durch Storytelling gibst Du Deinen Kunden eine spürbare, emotional wertvolle Erfahrung mit Deinem Produkt oder Deiner Dienstleistung!

Ich wünsche mir, dass alle ehrbaren Kaufleute dieses wunderbare Werkzeug kennen- und für sich zu nutzen lernen, weil es schlussendlich uns allen zu Gute kommt, wenn unser Mittelstand stark bleibt. Aus diesem Grund gebe ich in diesem Buch alle meine Werkzeuge bereitwillig preis. Wenn Dir gefallen hat, was ich erzählt habe, und wenn Du findest, dass auch andere ehrbare Kaufleute Zugang zu diesem Wissen haben sollten, kannst Du direkt dazu beitragen, indem Du Dir kurze **60 Sekunden nimmst, um auf der Amazon-Seite des Buches eine Bewertung und einen kurzen Kommentar zu hinterlassen.** Denn ein Buch kann sich nur verbreiten, wenn es viele positive Bewertungen hat.

So hilfst Du dabei, die Kraft des Storytellings in die Welt hinaus zu tragen – und natürlich tust Du auch mir damit einen tollen Gefallen. Dafür schon vorab herzlichen Dank!

Dein Alex

STORYTELLING

CHRISTIANI
STORYMARKETING

ÜBER CHRISTIANI STORY-MARKETING

Wir haben uns das ambitionierte Ziel gesteckt, ehrbare Unternehmer bei Ihrem Marketing-Durchbruch zu unterstützen. Experten aus verschiedensten Bereichen wie Linguistik, Video-Kunst oder Online-Marketing haben sich in diesem Unternehmen zu einer großen Storyteller-Familie zusammengeschlossen. Alle Mitarbeiterinnen und Mitarbeiter des Unternehmens eint, dass sie sich von Steve Jobs legendärem Aufruf wärmstens verstanden fühlen: »Those who are crazy enough to think they can change the world are the ones who do.«

Das Unternehmen wird von Alexander Christiani und seinen Söhnen Constantin und Raphael geleitet. Über die Jahre ist die Zahl der Mitarbeiter auf 20 gestiegen. »Dank unseres enthusiastischen Teams können wir noch mehr Unternehmen bei ihrer Business-Kommunikation helfen«, zeigt sich Alexander Christiani erfreut.

Dein Marketing-Durchbruch ist nur eine Story weit weg, großes Storyteller-Ehrenwort! Und noch größeres Storyteller-Ehrenwort: Wir stellen Dir all unsere Erfahrung und Leidenschaft zur Verfügung, damit Du dieses Ziel so bald wie möglich erreichst! Kontaktiere uns gerne über **www.story-magic.de/beratung**, wenn Du mehr über uns und unsere Arbeitsweise erfahren möchtest.

Wir würden uns sehr freuen, wenn wir Dich und Deine ganz persönliche Geschichte kennenlernen dürfen …

Bis bald,

Deine Christiani-Familie

Alexander

Über Alexander Christiani

Alexander Christiani ist Volljurist mit zwei juristischen Staatsexamen. Sein Studium finanzierte er mit dem Verkauf von Versicherungen. »Dafür werde ich ewig dankbar sein, denn dort habe ich die Praxis des Verkaufens von Null auf gelernt«, sagt er heute.

1988 machte sich Alexander Christiani als Vertriebscoach für Vorstände deutscher Großunternehmen und deren Vertriebsmitarbeiter selbstständig. Im Jahr 1992 führte er für die Bertelsmann AG eine Großstudie zum Thema ›Die Sprachmuster des Überzeugens bei Top-Verkäufern‹ durch. Diese und weitere Studien zeichneten alle dasselbe Bild: Top-Verkäufer weichen regelmäßig von den vorgegebenen Gesprächsleitfäden ab und erzählen ihren Kunden stattdessen spannende Geschichten, die den Produktnutzen konkret und glaubwürdig belegen. So entdeckte Alexander Christiani die sagenhafte Wirkung von Storytelling.

Anfang 2015 wagte er dann den entscheidenden Schritt: Er gründete Christiani Story-Marketing und startete mit einem Bekanntheitsgrad von Null in seiner neuen Zielgruppe. Seine Mission: Mittelständlern und Selbständigen mit hochwertigen Produkten zu zeigen, wie sie mithilfe von Stories ihren Nutzen-Vorsprung so spannend und klar kommunizieren, dass die Kunden ihnen die Tür einrennen.

Das erste Jahr war brutal, denn das Thema Storytelling war viel erklärungsbedürftiger, als Alexander Christiani ursprünglich vermutet hatte. Zwar verstanden erfahrene Verkäufer die Idee dahinter sofort, doch konservative Mittelständler waren enorm skeptisch. (»Geschichten sind etwas für Kinder« waren noch die harmloseren Kommentare.) »Nach sechs Monaten hatten wir erst zwei Kunden gewonnen. Ich war kurz davor, wieder in meine altvertraute Welt der Konzerne zurück zu wechseln«, erinnert sich Alexander Christiani an diese dunklen Tage.

Doch dann kam die entscheidende Wende: Alexander Christiani

erkannte nämlich, dass eine spannende Story allein nicht ausreicht. Vielmehr muss die Story auch optimal verdichtet werden, um sich ins Gedächtnis der Kunden einzubrennen! Wie etwa bei der genialen BILD-Schlagzeile ›Wir sind Papst‹, oder wie Steve Jobs mit seinen berühmten Apple-Slogans ›1.000 songs in your pocket!‹, ›Today, we reinvent the phone!‹ und ›Holding the internet in the palm of your hands!‹.

Der Rest ist Geschichte – Alexander Christiani entwickelte das Blockbuster StorySkript, einen einzigartigen Filter-Mechanismus, mit dessen Hilfe Unternehmer ihre Marketing-Kommunikation zu einer Hauptbotschaft in Form einer spannenden Geschichte verdichten können. »Die Filter des Blockbuster StorySkripts zeigen unseren Kunden, wie sie die Schätze in ihrer eigenen Unternehmensgeschichte heben und ihre besondere Herangehensweise so erzählen können, wie sie noch niemand erzählt hat«, bringt Alexander Christiani das Konzept auf den Punkt.

Schon drei Jahre später arbeiteten in Deutschland, Österreich und der Schweiz mehr als 1.500 Unternehmen mit Storytelling nach dem Blockbuster StorySkript – viele mit Umsatzsteigerungen von mehr als 30 Prozent binnen 6 Monaten, einige mit Steigerungen von 200 Prozent in den ersten 2 Jahren. Der Erfolg der Kunden spricht also eine deutliche Sprache: Alexander Christianis Blockbuster Storytelling funktioniert!

Heute wird Alexander Christiani von der Presse als »einer der führenden Köpfe in Marketing und Vertrieb in Deutschland« bezeichnet und gilt mit seiner jahrelangen Erfahrung als Vordenker für leistungsfähige Business-Kommunikation.

Raphael

Über Raphael Christiani

Schon im Kindergarten wusste Raphael, dass er später Ingenieur werden möchte. Anstatt im Sandkasten zu spielen, malte er Kreuzfahrtschiffe samt Motor und Elektrik – und besonders wichtig war ihm, dass alles intelligent miteinander verbunden ist. Heute erweckt Raphael in seiner Funktion als Co-Geschäftsführer der Christiani Story-Marketing AG keine Schiffe mehr zum Leben, sondern automatisierte Kundenerlebnisreisen – als Storytelling-Ingenieur sozusagen.

Seine technische Leidenschaft mit Business zu verbinden war von Beginn an Raphaels Ziel: »In der bolivianischen Pampa auf Abenteuerreise zu sein, von Kaimanen umgeben, und gleichzeitig an einer Lead-Kampagne zu feilen – das ist für mich Freiheit.« Apropos Freiheit: Seinen Kindheitstraum vom Fliegen erfüllte er sich 2019, indem er eine Pilotenlizenz erwarb: »Fliegen ist ganz wunderbar! Doch was mich am meisten begeistert, sind die dazugehörigen Systeme – die Flugzeugsteuerung, die Luftsicherung oder die Navigation – und wie das alles miteinander zusammenhängt.«

Seit über 10 Jahren ist Raphael nun »Chef der Technik« im Familienunternehmen der Christianis. Dort ist er verantwortlich für die Bereiche Online-Marketing, Automatisierung und Veranstaltungstechnik. Inmitten von Funnels, Facebook Ads und Schnittstellen fühlt er sich voll in seinem Element. Im Jahr 2015 zeigte sein Engagement erstmals so richtig Wirkung: der erste sechsstellige E-Mail-Produktlaunch mit dem Produkt ›Story-Akademie‹. 2018 folgte dann der nächste große Meilenstein: mehr als 2.000 Teilnehmer in einem Live-Webinar. Und als im Winter 2020 Corona-bedingt keine Live-Seminare möglich waren, entwickelte Raphael binnen kürzester Zeit eine passende Lösung für ein Online-Format. Seitdem gehört der gesamte Bereich der Live-Produktionen und der Blockbuster-Events zu seinem Arbeitsbereich.

Seit März 2021 leitet Raphael gemeinsam mit seinem Bruder Constantin die Geschäftsführung. Auch ist er maßgebend an den Marketing- und Sales-Prozessen zur Neukundengewinnung beteiligt. »2021 war das erfolgreichste Jahr in unserer Firmengeschichte, doch die Rakete haben wir erst 2022 so richtig gezündet. Jetzt läuft die Marketing-Maschine rund, und erstmals auch messbar! Wir blicken mit viel Vorfreude in die Zukunft«, resümiert Raphael die vergangenen zwei Jahre.

Raphaels erklärtes Ziel: Technik einfach machen. »Technik soll Dir nicht im Weg stehen, sondern als Multiplikator für Deine Botschaft dienen.«

Weitere Informationen unter **www.raphaelchristiani.de**.

Über Constantin Christiani

Constantin vergleicht sich gerne mit Obelix, der als kleines Kind in den Zaubertrank geplumpst ist, denn in seinem Leben drehte sich schon immer alles um Marketing und Storytelling. Von Kindesbeinen an atmete er das Wissen, für das viele Menschen sehr viel Geld bezahlen, tagtäglich ein.

Nach seinem Abitur absolvierte Constantin ein Media-Management-Studium an der Rheinischen Fachhochschule in Köln, das er mit ›Sehr Gut‹ abschloss. Schon während seines Studiums hatte er das große Glück, viel Zeit mit Unternehmern verbringen zu können, die ein funkelndes Leuchten in ihren Augen hatten. Er wusste sofort: Unternehmer ticken anders! Die faszinierende Welt der Unternehmer zog ihn schnell in ihren Bann.

Seit mittlerweile mehr als sieben Jahren ist Constantin Teil des Familienunternehmens Christiani Story-Marketing. Er begann seine Laufbahn im Unternehmen als Story-Coach. In dieser Funktion unterstütze er

Constantin

seine Klienten darin, kristallklare und authentische Kommunikationsformen zu entwickeln, mit deren Hilfe sie deutlich mehr Aufmerksamkeit erhalten und noch mehr Umsatz erzielen. In seinen zwei Jahren als Story-Coach durfte er über 60 Persönlichkeiten im Jahresprogramm ›Unternehmer Mentoring‹ begleiten und über 250 Unternehmer im achtwöchigen Online-Kurs ›Blockbuster StorySkript‹ coachen. Das allerschönste Gefühl für Constantin ist, wenn seine Kunden »endlich wieder Bock auf ihr Unternehmen« bekommen, weil sie einen Marketing-Durchbruch nach dem anderen feiern.

Anfang 2021 trat Constantin dann in die Geschäftsführung ein. Jetzt leitet er gemeinsam mit seinem Vater Alex und seinem Bruder Raphael Christiani Story-Marketing. Seit seinem Rollenwechsel wurden, mit der Unterstützung eines großartigen Teams, neue Strukturen und Prozesse implementiert, was zu einer Verdopplung des Umsatzes binnen der letzten 18 Monate führte.

Constantin ist überzeugt: Unternehmer mit hochwertigen Angeboten haben es verdient, dass ihre Geschichte so kommuniziert wird, dass ihnen alle Welt zuhört. Nur so können sie die Welt zu einem besseren Ort machen und das Leben ihrer Mitmenschen spürbar bereichern.

Mehr Infos auf **www.constantinchristiani.de**.

A
CHRISTIANI STORYMARKETING
CHRISTIANI STORYMARKETING

CHRISTIANI STORYMARKETING
CHRISTIANI STORYMARKETING
two-comma
club
INTO THE TWO-COMMA CLUB
$1,000,000 WITH CLICKFUNNELS

Bonus #1

Website Story Magic

GRATIS PDF

- Drei riesige Probleme mit Webseiten (wahrscheinlich ist auch Deine Seite davon betroffen!) – und wie Du diese behebst.
- Die drei wichtigsten Elemente einer starken Webseite (Hinweis: Es ist nicht das schöne Design!)
- Sieben Bausteine, die Deine Homepage so glasklar strukturieren, dass Du bis zu fünf Mal mehr Interessenten gewinnst.

www.story-magic.de/bonus

Bonus #2

Die Marketing-Pyramide

GRATIS PDF

- Verstehe die exakte Reihenfolge bei der Umsetzung Deiner Marketing-Projekte, um die weltweit einzige Wachstums-Strategie für Unternehmen auch für Dich optimal zu nutzen.
- Wie auf der Baustelle, so auch bei Deiner Marketing-Strategie: Erst kommt die Bodenplatte, dann die Wände und am Ende das Dach. So steht Dein Marketing auf einem sicheren Fundament.
- Vier Geschichten, mit deren Hilfe Du Deinen Nutzenvorsprung so glaubwürdig darlegen kannst, dass Deine Kunden aus purem Eigennutz bei Dir kaufen wollen.

www.story-magic.de/bonus

»Ein Unternehmen wird nie erfolgreicher als die Persönlichkeit des Chefs es zulässt!«

Alexander Christiani

CHRISTIANI STORYMARKETING